地市供电公司企业标准汇编

人力资源及监督管理卷

开封供电公司　编

黄河水利出版社
·郑州·

图书在版编目(CIP)数据

地市供电公司企业标准汇编. 人力资源及监督管理卷/开封供电公司编. —郑州:黄河水利出版社,2011. 12

ISBN 978 - 7 - 5509 - 0167 - 4

Ⅰ. ①地…　Ⅱ. ①开…　Ⅲ. ①供电 - 工业企业 - 人力资源管理 - 标准 - 汇编 - 开封市　Ⅳ. ①F426. 61 - 65

中国版本图书馆 CIP 数据核字(2011)第 261931 号

出 版 社:黄河水利出版社

地址:河南省郑州市顺河路黄委会综合楼 14 层　　邮政编码:450003

发行单位:黄河水利出版社

发行部电话:0371 - 66026940、66020550、66028024、66022620(传真)

E-mail:hhslcbs@ 126. com

承印单位:河南地质彩色印刷厂

开本:787 mm × 1 092 mm　1/16

印张:10. 75

字数:249 千字　　印数:1—1 000

版次:2011 年 12 月第 1 版　　印次:2011 年 12 月第 1 次印刷

定价:40. 00 元

《地市供电公司企业标准汇编》编委会

前 言

《地市供电公司企业标准汇编》(以下简称《汇编》)以开封供电公司为代表,收录了地市供电公司生产经营过程中的各种标准,旨在规范地市供电公司的生产经营管理活动。本汇编共包括四卷,分别为:《企业发展管理及管理基础卷》、《资产经营及物资管理卷》、《人力资源及监督管理卷》、《科技信息管理卷》。

本卷为《人力资源及监督管理卷》,包括人力资源管理篇和监督管理篇两大部分。其中,人力资源管理篇包括:干部管理部分,主要讲述干部管理标准;员工管理部分,主要讲述劳动合同管理标准、组织机构管理标准、劳动纪律管理标准、劳动统计管理标准、薪酬管理标准。监督管理篇主要包括:纪检管理部分,主要讲述党风廉政建设管理标准、纪检监察信访举报处理管理标准;监察管理部分,主要讲述行风监督管理标准、效能监察管理标准;审计管理部分,主要讲述干部任期经济责任审计管理标准、内部审计管理标准、县级供电企业设计管理标准、工程审计管理标准。

本《汇编》是公司领导正确领导的结果,是各单位集体劳动的成果,凝结了各位参与者的智慧和汗水,在此向大家一并表示感谢。

受编者理论政策水平所限,本《汇编》难免存在错误疏漏之处,欢迎广大同行批评指正。

编 者

2011 年 10 月

目　录

监督管理篇

纪检管理部分

监察管理部分

审计管理部分

人力资源管理篇

干部管理部分

干部管理标准

Q/GDW1714 2060101—2010

前 言

本标准为规范开封供电公司中层干部管理而制定。

制定本标准的目的是全面提高干部管理水平，实现干部管理科学化、规范化、制度化。

本标准中的附录 A、附录 B 为规范性附录。

本标准由开封供电公司标准化建设委员会提出并归口。

本标准由开封供电公司标准化建设办公室组织起草编制。

本标准起草人：周爱玲

本标准编审组审核人：杨耀杰

本标准专业审核人：杨耀杰

本标准标准化建设办公室审核人：胡昆岭　郑罡　高鑫　张白　朱峰　高付良　申文琰　周世华

本标准审定人：郭亚

本标准批准人：郑盾

本标准由开封供电公司标准化建设委员会委托人力资源部负责解释。

本标准首次发布。

1　范围

本标准规定了开封供电公司中层干部管理的规范性引用文件、术语和定义、职责与权限、管理内容与方法以及检查与考核、报告与记录等要求。

本标准适用于开封供电公司中层干部管理。

2　规范性引用文件

下列文件对于本文件的应用是必不可少的。凡是注日期的引用文件，仅注日期的版本适用于本文件。凡是不注日期的引用文件，其最新版本（包括所有的修改单）适用于本文件。

中共中央中发[2002]7 号　《党政领导干部选拔任用工作条例》

河南省电力公司人事[2006]15 号　《关于实行干部调整前审查备案制度的通知》

3　术语和定义

下列述语和定义适用于本文件。

中层干部

中层干部为公司所属各单位科级干部、五县供电局(公司)领导。

4 职责与权限

4.1 管理分工

公司党委是公司中层干部管理的领导机构,公司人力资源部是管理中层干部的职能部门,考察组是协助管理中层干部的组织。

4.2 公司领导

研究决定干部管理制度、干部调整方案,审批干部考察方案和考察报告。

4.3 人力资源部

4.3.1 负责组织进行中层干部年度考察。

4.3.2 承办公司党委研究决定的中层干部任免事项及有关工作。

4.3.3 负责中层干部的日常管理工作。

4.4 考察组

由公司思想政治工作部、监察部、工会等部门有关人员组成,参与中层干部考察工作。

5 管理内容与方法

5.1 本标准依据的流程

中层干部选拔调整任用管理流程见附录A。

5.2 中层干部管理原则

中层干部管理应遵循下列原则:

a)党管干部原则;

b)任人唯贤、德才兼备原则;

c)群众公认、注重实绩原则;

d)民主、公开、竞争、择优原则;

e)民主集中制原则;

f)依法办事原则。

5.3 中层干部选拔调整任用管理

5.3.1 中层干部任职条件

a)坚决执行党的基本路线、方针、政策,坚持四项基本原则,具有履行职责所需要的政策与理论水平。

b)解放思想,实事求是,有开拓创新精神。

c)熟悉业务,善于学习,有胜任领导工作的组织、指挥、协调、决策能力及其他方面的综合素养。

d)工作业绩突出,有较为丰富的管理经验,具有较高的群众威信。

e)作风正派,清正廉洁,坚持原则,以身作则,密切联系群众,正确行使权力,不滥用职权谋求私利。

5.3.2 中层干部任职资格

a)一般应具备大学专科及以上文化程度和相应的专业知识,年龄一般不超过45周岁。

b)一般应具有管理岗位两年以上的工作实践。

c)身体健康,适应工作需要。

5.3.3 中层干部选拔形式

中层干部选拔应坚持走群众路线,发扬民主,结合实际,可采取组织提名、民主选举、群众推荐、竞争上岗等多种形式。

5.3.4 中层干部选拔调整任用程序

a)公司领导在年度考察等工作的基础上,根据工作需要,提出准备实施中层干部、县供电企业领导班子成员提职、降职、免职、聘任、解聘、交流等拟调整方案。

b)将调整方案及有关干部情况提交河南省电力公司人事董事部进行审查备案。

c)根据河南省电力公司人事董事部审查意见,对干部调整方案进行适当修改。调整方案变动较大的,重新履行审查备案程序。

d)将审查备案后的干部调整方案提交公司党政联席会议研究。

e)在公司党政联席会议讨论决定后,公司人力资源部对新提任中层干部,在公司范围内进行公示,公示时间一般为3天,公示结果不影响任职的,办理任职手续。

f)公司领导和新调整、提任中层干部进行任职谈话和任职前廉政谈话。

g)公司人力资源部中层干部管理处办理任免文件。

h)公司领导和人力资源部有关人员到相关部门、单位宣布任免文件。

i)公司人力资源部办理干部调整手续。

5.3.5 选拔任用监督

完善选人用人工作责任制,明确选拔任用过程中推荐、考察、决定等各个环节的责任主体和内容。强化对推荐、考核、任用等环节的监督,落实推荐干部责任制、考察干部责任制、讨论决定干部责任制。对干部选拔任用工作中的失职、渎职及违法、违纪行为,依法、依纪追究责任。

5.3.6 选拔任用材料归档

对新提拔中层干部(含副职转正职中层干部)应形成完整的考察材料,并存入本人档案。

5.4 中层干部年度考察管理

5.4.1 考察周期

公司人力资源部每年组织对中层干部进行年度考察。对新提拔中层干部的跟踪考察,可根据党委安排和工作需要,随时进行考察。

5.4.2 考察原则

中层干部考察应坚持原则,实事求是,公道正派,走群众路线,广泛听取各方面的意见,客观、公正地对中层干部进行评价,在干部考察工作中涉及考察组成员亲属的,本人应回避。

5.4.3　考察内容

a)思想政治素质。

b)组织领导能力。

c)工作作风。

d)工作实绩。

e)廉洁自律。

5.4.4　考察程序

a)成立考察组:考察组由人力资源部、监察部、工会、政治工作部工作人员组成,每个小组一般由 2 ~3 人组成,考察组名单应经公司领导批准。

b)考察预告:考察前公布考察时间、考察内容和考察组成员的名单,拓宽沟通渠道,扩大职工群众在干部考评、选任上的知情权、参与权和监督权。

c)中层干部公开述职:各单位召开全体职工参加的会议,与考察组成员共同听取每位中层干部的述职报告。

d)民主测评和民主推荐:中层干部述职结束后,与会人员填写《中层干部民主测评表》和《后备干部推荐表》,考察组成员负责收回和统计两张表格。

e)个别谈话:测评会议结束后,考察组成员与单位班子成员、部分中层干部和职工代表进行个别谈话,从德、能、勤、绩、廉等方面了解班子成员的相关情况。

f)查阅资料:查阅党支部会议记录等有关资料,进一步了解班子成员的相关情况。

g)综合分析:考察组成员结合民主测评、民主推荐、个别谈话及查阅资料情况,对班子和班子成员进行综合分析和评价,撰写考察报告。内容主要包括:班子的主要特点、工作业绩及存在的问题;领导成员和后备干部的个人特点及存在的问题和不足。考察组成员应在材料上签署本人姓名和日期。

h)反馈考察结果:考察组组长向公司党政主要负责人反馈考察结果。

6　报告与记录

表 1 给出了执行本标准形成的报告和记录。

表 1　干部管理报告与记录

序号	报告和记录名称	填写人	保存地点	保存形式	保存期限
1	干部选拔(调整)公司领导意见表决表	公司领导	人力资源部	纸质文本 电子文档	长期
2	干部履历表	人力资源部组织员	人力资源部	纸质文本 电子文档	长期
3	干部任免审批表	人力资源部组织员	人力资源部	纸质文本 电子文档	长期
4	中层干部民主测评表	职工	人力资源部	纸质文本 电子文档	长期
5	后备干部推荐表	职工	人力资源部	纸质文本 电子文档	长期

附录 A
（规范性附录）
干部管理流程

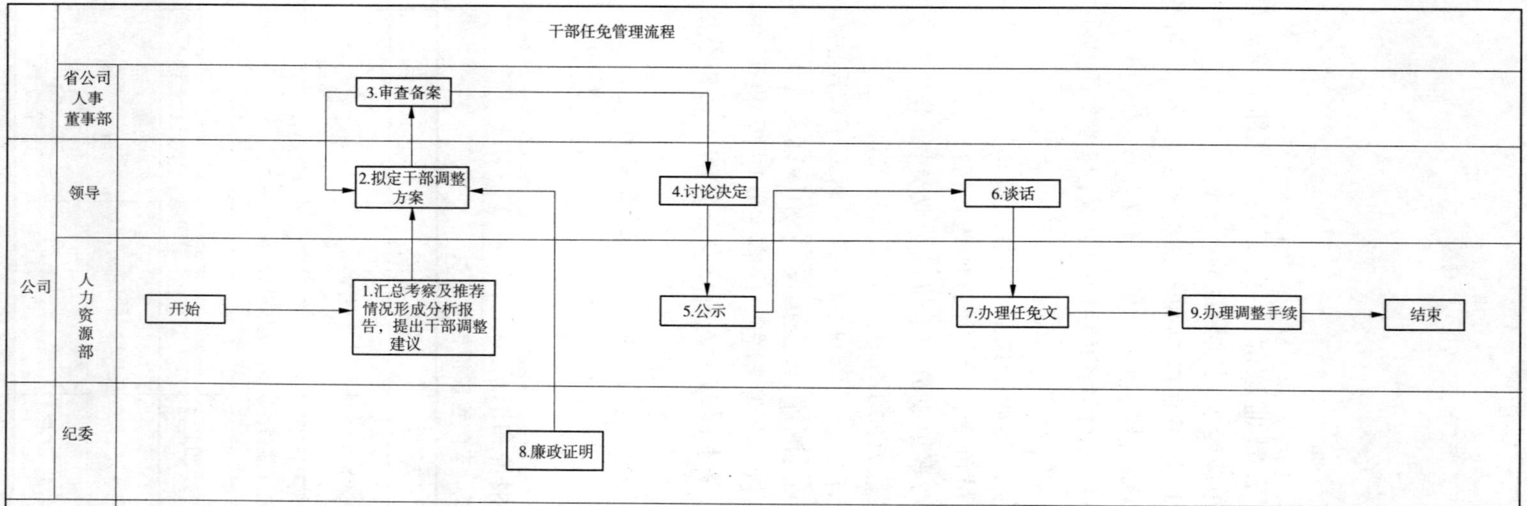

基础资料	1.开封供电公司中层干部考察方案 2.中层干部民主测评表 3.后备干部测评表 4.干部考察报告
过程描述	节点2：公司领导在年度考察等工作的基础上，根据工作需要提出准备实施中层干部县、供电企业领导班子成员提职、降职、免职、聘任、解聘、交流等拟调整方案。 节点3：将调整方案及有关干部情况提交河南省电力公司人事董事部进行审查备案。 节点4：在公司党政联席会议论决定后，公司人力资源部对新担任中层干部在公司范围内进行公示，公司时间一般为3天，公示结果不影响任职的，办理任职手续。 节点6：公司领导和新调整、提任中层干部进行任职谈话和任职前廉政谈话。 节点7：公司人力资源部中层干部管理处办理任免文件。 节点9：公司人办资源部办理干部调整手续。

图 A.1　干部任免管理流程图

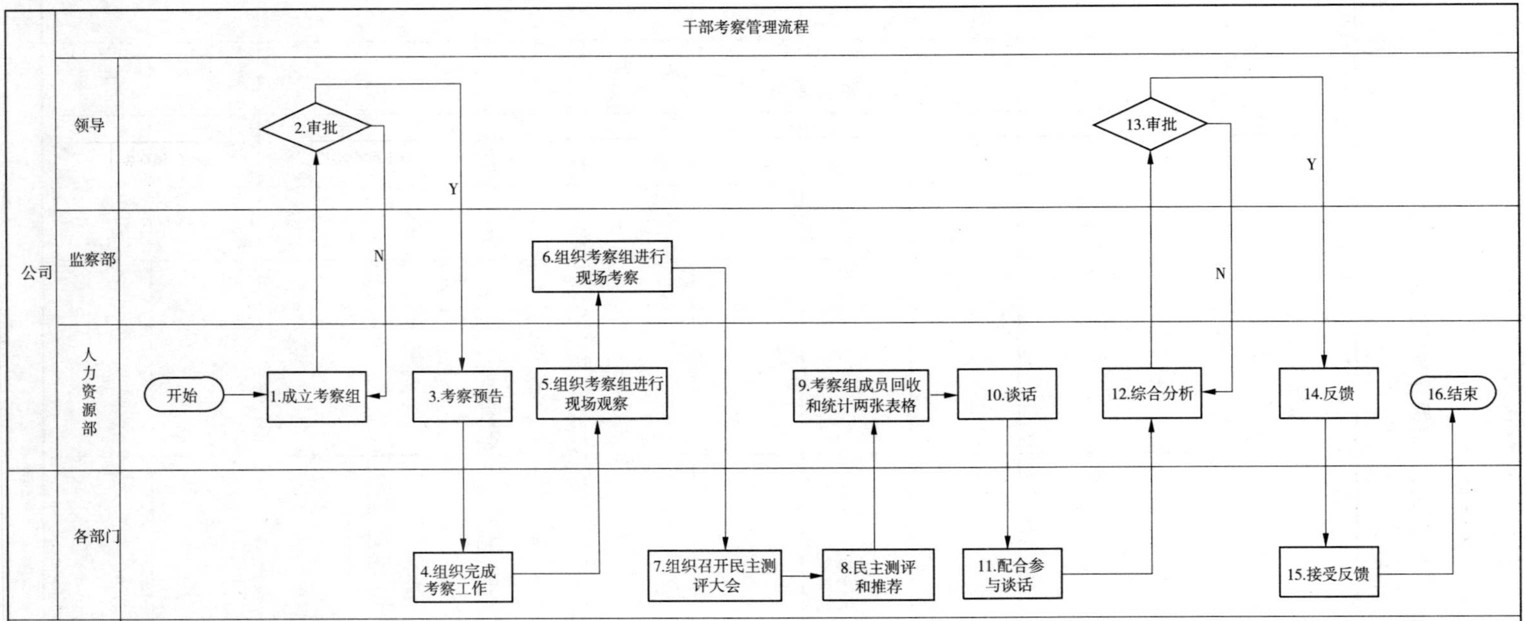

基础资料

1.开封供电公司中层干部考察方案
2.中层干部民主测评表
3.后备干部测评表
4.干部考察报告

过程描述

节点1：成立考察组：考察组由人力资源部、纪委、工会、政治工作部工作人员组成，每个小组一般由2~3人组成，考察组名单应经公司领导批准。
节点3：考察预告:考察前公布考察时间、考察内容和考察组成员的名单，拓宽沟通渠道，扩大职工群众在干部考察、选任上的知情权，参与权和监督权。
节点7：中层干部公开述职：各单位召开全体职工参加的会议，与考察组成员共同听取每位中层干部的述职报告。
节点8：民主测评和民主推荐：中层干部述职结束后，与会人员填写《中层干部民主测评表》和《后备干部推荐表》，考察组成员负责收回和统计两张表格。
节点10：个别谈话：测评会议结束后，考察组成员与单位班子成员、部分中层干部和职工代表进行个别谈话，从德、能、勤、绩、廉等方面了解班子成员的相关情况。
节点12：综合分析：考察组成员结合民主测评、民主推荐、个别谈话及查阅资料情况，对班子和班子成员进行综合分析和评价，撰写考察报告，内容主要包括：班子的主要特点，工作业绩及存在的问题，领导成员和后备干部的个人特点及存在的问题和不足，考察组成员应在材料上签署本人姓名和日期。
节点14：反馈考察结果：考察组组长向公司党政主要负责人反馈考察结果。

图 A.2 干部考察管理流程图

附录 B
(规范性附录)
表样格式

表 B.1 干部选拔(调整)公司领导意见表决表

填写人:　　　　　　职务:　　　　　　　　　　　　　　　　　年　月　日

序号	姓名	性别	出生年月	政治面貌	学历	现工作单位及职务	拟调整单位及职务	表决意见			备注
								同意	不同意	弃权	
1											
2											
3											
4											
5											
6											
7											
8											
9											
10											
11											

注:请在“同意”或“不同意”栏中打“√”。

表 B.2　干部任免审批表

<table>
<tr><td>姓名</td><td></td><td>性别</td><td></td><td>出生年月
（岁）</td><td></td><td rowspan="4">电子照片</td></tr>
<tr><td>民族</td><td></td><td>籍贯</td><td></td><td>出生地</td><td></td></tr>
<tr><td>入党时间</td><td></td><td>参加工
作时间</td><td></td><td>健康状况</td><td></td></tr>
<tr><td>专业技术职务</td><td colspan="2"></td><td>熟悉专业
有何专长</td><td colspan="2"></td></tr>
<tr><td rowspan="2">学历学位</td><td>全日制教育</td><td colspan="2"></td><td>毕业院校
系及专业</td><td colspan="2"></td></tr>
<tr><td>在职教育</td><td colspan="2"></td><td>毕业院校
系及专业</td><td colspan="2"></td></tr>
<tr><td colspan="2">现任职务</td><td colspan="5"></td></tr>
<tr><td colspan="2">拟任职务</td><td colspan="5"></td></tr>
<tr><td colspan="2">拟免职务</td><td colspan="5"></td></tr>
<tr><td>工
作
简
历</td><td colspan="6"></td></tr>
</table>

<table>
<tr><td>政治历史审查情况</td><td colspan="5"></td></tr>
<tr><td>奖惩情况</td><td colspan="5"></td></tr>
<tr><td rowspan="7">主要家庭成员及社会关系</td><td>称谓</td><td>姓名</td><td>出生日期</td><td>政治面貌</td><td>工作单位及职务</td></tr>
<tr><td></td><td></td><td></td><td></td><td></td></tr>
<tr><td></td><td></td><td></td><td></td><td></td></tr>
<tr><td></td><td></td><td></td><td></td><td></td></tr>
<tr><td></td><td></td><td></td><td></td><td></td></tr>
<tr><td></td><td></td><td></td><td></td><td></td></tr>
<tr><td></td><td></td><td></td><td></td><td></td></tr>
<tr><td>呈报单位意见</td><td colspan="5">（盖章）
年 月 日</td></tr>
<tr><td>审批机关意见</td><td colspan="5">（盖章）
年 月 日</td></tr>
<tr><td>备注</td><td colspan="5"></td></tr>
</table>

表 B.3　干部履历表

<table>
<tr><td colspan="2">姓名</td><td></td><td colspan="2">性别</td><td></td><td>民族</td><td></td><td colspan="2" rowspan="4">近期二寸
正面半身
免冠彩照</td></tr>
<tr><td colspan="2">曾用名</td><td></td><td colspan="2">出生
年月日</td><td colspan="3"></td></tr>
<tr><td rowspan="2">全日制教育</td><td>学历</td><td></td><td rowspan="2">在职教育</td><td>学历</td><td colspan="3"></td></tr>
<tr><td>学位</td><td></td><td>学位</td><td colspan="3"></td></tr>
<tr><td colspan="2">籍贯</td><td colspan="3"></td><td colspan="3">出生地</td><td colspan="2"></td></tr>
<tr><td colspan="2">身份证号</td><td colspan="6"></td><td>健康
状况</td><td></td></tr>
<tr><td colspan="2">单位职务</td><td colspan="8"></td></tr>
<tr><td colspan="2" rowspan="2">工资
情况</td><td rowspan="2">岗位(职务)
工资</td><td colspan="2">岗级</td><td>工资额</td><td rowspan="2">技能
工资</td><td colspan="2">等级</td><td>工资额</td></tr>
<tr><td colspan="2"></td><td></td><td colspan="2"></td><td></td></tr>
<tr><td colspan="3">何年何月何处
参加工作</td><td colspan="7"></td></tr>
<tr><td colspan="3">何年何月何处何人介绍加入
中国共产主义青年团</td><td colspan="7"></td></tr>
<tr><td colspan="3">何年何月何处何人介绍加入
中国共产党，何时转正</td><td colspan="7"></td></tr>
<tr><td colspan="3">何年何月何处加入何民主
党派，担任过何职务</td><td colspan="7"></td></tr>
<tr><td colspan="3">何年何月至何年何月
在何处参加过何种
政治理论或业务培训
(包括各级党校培训或学习)</td><td colspan="7"></td></tr>
</table>

熟悉何种业务与技术,有何工作业绩、创造发明、科研成果和著作、译著	
何时经何机关审批任何专业技术职务或任职资格	
出国(境)情况及参加国内外重大国际性活动情况	
懂何种外国的语言与文字,熟练程度如何	
懂我国何种少数民族的语言与文字,熟练程度如何	
有何宗教信仰	
有何技能、特长和爱好	

<table>
<tr><td colspan="2">何时何处参加过何社团、学术团体，担任过何职务</td><td colspan="5"></td></tr>
<tr><td colspan="2">何年何月何处何原因受过何种奖励</td><td colspan="5"></td></tr>
<tr><td colspan="2">何年何月何处何原因受过何种处分</td><td colspan="5"></td></tr>
<tr><td colspan="2">参加过何种反动组织，担任过何职务，有何结论</td><td colspan="5"></td></tr>
<tr><td colspan="2">“文化大革命”中犯有何种错误，组织意见如何</td><td colspan="5"></td></tr>
<tr><td rowspan="5">配偶情况</td><td>姓名</td><td></td><td>出生年月</td><td></td><td>民族</td><td></td></tr>
<tr><td>籍贯</td><td></td><td>参加工作时间</td><td></td><td>政治面貌</td><td></td></tr>
<tr><td>学历</td><td></td><td>学位</td><td></td><td>工资情况</td><td></td></tr>
<tr><td colspan="3">专业技术职务/工人技术等级</td><td colspan="3"></td></tr>
<tr><td colspan="3">工作单位及职务</td><td colspan="3"></td></tr>
</table>

	称谓	姓名	出生年月	政治面貌	工作单位及职务
家庭主要成员					
主要社会关系					

学习简历

年　月至　年　月	院校及系、专业	毕(结、肄)业	证明人

参加工作前后履历			
年　月至　年　月	在何地区何部门何处室	任何职	证明人

参加人民代表大会、政治协商会议、中国共产党及民主党派、群众团体代表大会的情况		
年　月　日	会议名称	身份及职务

其他需要说明的情况   填表人签名　　　　年　月　日
审查机关盖章 年　月　日

员工管理部分

劳动合同管理标准

Q/GDW1714 2060201—2010

前　言

本标准为规范开封供电公司劳动合同管理而制定。

本标准中的附录 A、附录 B 为规范性附录。

本标准由开封供电公司标准化建设委员会提出并归口。

本标准由开封供电公司标准化建设办公室组织起草编制。

本标准起草人:王玉霞

本标准编审组审核人:杨耀杰

本标准专业审核人:杨耀杰

本标准标准化建设办公室审核人:胡昆岭　郑罡　高鑫　张白　朱峰　高付良　申文琰　周世华

本标准审定人:郭亚

本标准批准人:郑盾

本标准由开封供电公司标准化建设委员会委托人力资源部负责解释。

本标准首次发布。

1　范围

本标准规定了开封供电公司劳动合同管理的规范性引用文件、术语和定义、职责与权限、管理内容与方法以及检查与考核、报告与记录等要求。

本标准适用于开封供电公司劳动合同管理。

2　规范性引用文件

下列文件对于本文件的应用是必不可少的。凡是注日期的引用文件,仅注日期的版本适用于本文件。凡是不注日期的引用文件,其最新版本(包括所有的修改单)适用于本文件。

中华人民共和国主席令　第二十八号　《中华人民共和国劳动法》

中华人民共和国主席令　第六十五号　《中华人民共和国劳动合同法》

中华人民共和国国务院令第 535 号　《中华人民共和国劳动合同法实施条例》

豫电人资[2009]714 号　《河南省电力公司劳动用工管理暂行办法》

3　术语和定义

下列术语和定义适用于本文件。

3.1 劳动合同

劳动者与用人单位为确立劳动关系，明确双方责任、权利和义务的协议。

3.2 用人单位

开封供电公司所属单位。

4 职责与权限

4.1 管理分工

人力资源部是公司劳动合同的归口管理部门，负责公司劳动合同管理职责总体方案的制定，负责与公司员工（除处级及以上领导干部外）订立、履行、续订、变更、解除、终止、暂时停止履行劳动合同的全过程管理。

4.2 人力资源部

4.2.1 贯彻执行国家、国家电网公司及河南省电力公司劳动合同管理的有关规定。

4.2.2 制定公司劳动合同管理的规章制度，建立公司的劳动合同管理台账，报河南省电力公司人力资源部备案。

4.2.3 负责与公司员工（除处级及以上领导干部外）订立、履行、续订、变更、解除、终止、暂时停止履行劳动合同的全过程管理。

4.2.4 负责指导、监督和检查县供电公司的劳动合同管理工作。

5 管理内容与方法

5.1 本标准的依据流程

劳动合同管理流程见附录A。

5.2 总则

5.2.1 公司实行全员劳动合同制，劳动合同分为固定期限、无固定期限和以完成一定工作任务为期限三种类型。

5.2.2 劳动合同签订应遵循合法公平、平等自愿、协商一致、诚实信用的原则。

5.2.3 在订立劳动合同时，用人单位应将工作过程中可能产生的职业病危害及其后果、职业病防护措施和待遇，以及员工要求了解的其他情况等如实告知员工。

5.2.4 按照豫电人资[2009]714号《河南省电力公司劳动用工管理暂行办法》，用人单位应根据实际情况，设计差异化的劳动合同范本，以适用不同类型、不同岗位的劳动用工需要。劳动合同必备条款应包括以下内容：

a）用人单位的名称、住所和法定代表人或者主要负责人；

b）劳动者的姓名、住址、居民身份证或者其他有效身份证件号码；

c）劳动合同期限；

d）工作内容和工作地点；

e）工作时间和休息休假；

f）劳动报酬；

g）社会保险；

h)劳动保护、劳动条件和职业危害防护；

i)法律、法规规定应当纳入劳动合同的其他事项。

5.2.5　劳动合同除5.2.4必备条款外，用人单位与员工可协商约定试用期、培训、保守商业秘密、福利待遇、双方应承担的义务和责任，以及适用于本单位实际情况的有关经营管理、安全生产、规章制度、劳动纪律、优质服务、绩效考核等方面解除劳动合同的条件等事项；也可根据不同的人员和岗位，约定个性化条款，提高劳动合同的精益化管理水平。

5.3　新签劳动合同

5.3.1　用人单位与员工订立的首期劳动合同一般为固定期限劳动合同，合同期限应以满足和有利于企业生产经营为原则，根据不同岗位、工种及劳动者的需要，合理确定劳动合同期限。

5.3.2　新员工到公司（用人单位）报到后，由用人单位人力资源部门与员工本人针对签订劳动合同进行协商，协商一致后在第一个工作日之前由员工在书面劳动合同（见附录B）签字。

5.3.3　员工的劳动合同主体为河南省电力公司的，劳动合同由河南省电力公司人力资源部劳动与合同管理岗位审查通过后盖章；员工的劳动合同由人力资源部门的劳动管理岗位审查盖章。

5.3.4　劳动合同经用人单位和员工双方签字或者盖章后生效，劳动合同文本应由用人单位和员工各执一份，妥善保存。

5.4　变更、续订、终止、解除、暂时停止履行劳动合同

5.4.1　用人单位按照《中华人民共和国劳动法》、《中华人民共和国劳动合同法》及《中华人民共和国劳动合同法实施条例》等相关法律法规的规定，办理员工的劳动合同的变更、续签、终止、解除、暂时停止履行及相关手续。

5.4.2　用人单位与员工协商一致，可变更劳动合同约定的内容，变更劳动合同应填写《劳动合同变更书》（见附录B表B.2），经双方签字或盖章生效。《劳动合同变更书》一式两份，用人单位与员工各执一份。

5.4.3　首期劳动合同期满前，用人单位应按下列要求确定员工劳动合同的终止或续订：

a)用人单位若不再续用员工，应向员工发出书面《终止劳动合同通知书（企业通知个人）》（见附录B表B.3），办理终止劳动合同手续。

b)用人单位若有意向续用员工，应提前向员工发出书面《终止/续订劳动合同意向通知书》（见附录B表B.4）。员工选择终止劳动合同且用人单位同意的，办理终止劳动合同手续；员工选择续订劳动合同的，应填写书面《个人续订劳动合同申请表》（见附录B表B.5），当个人申请与单位意见不一致时，需再次征求个人意见，若仍未达成一致意见，由用人单位发出书面《终止劳动合同通知书（企业通知个人）》（见附录B表B.3）并办理相关手续；若达成一致意见，办理续订劳动合同手续。

c)员工若向用人单位发出了书面《终止劳动合同通知书（个人通知企业）》（见附录B表B.6），用人单位应向员工发出书面《终止/续订劳动合同意向通知书》（见附录B表B.4），员工应向用人单位发出书面《终止/续订劳动合同答复书》（见附录B表B.7），员工选择终止劳动合同且用人单位同意的，办理终止劳动合同手续；员工选择续订劳动合

同且用人单位同意的,办理续订劳动合同手续。

d)员工若向用人单位提出了书面《个人续订劳动合同申请表》(见附录 B 表 B.5),用人单位同意续订的,办理续订劳动合同手续;用人单位不同意续订的,办理终止劳动合同手续。

5.4.4 用人单位与员工订立的第二次劳动合同一般为固定期限劳动合同,且根据每个员工不同的绩效考核情况选择不同的劳动合同期限。

5.4.5 第二次劳动合同期满,由员工确定劳动合同是否终止。劳动合同期满前,如员工本人无任何意思表示,用人单位应提前向员工发出书面《终止/续订劳动合同意向通知书》(见附录 B 表 B.4),征求员工本人意愿,员工应向用人单位发出书面《终止/续订劳动合同答复书》(见附录 B 表 B.7),确认终止劳动合同或者续订固定期限合同或者无固定期限合同,并办理相关手续。

5.4.6 第三次及以后的固定期限合同期满后,仍由员工确定劳动合同的终止或续订。

5.4.7 经用人单位与员工协商一致同意续订劳动合同,双方应填写《劳动合同续订书》(见附录 B 表 B.8)。

5.4.8 用人单位与员工协商一致,可订立无固定期限劳动合同。在下列情况下,员工提出书面《个人续订劳动合同申请表》(见附录 B 表 B.5)的,且经用人单位考核合格同意续订劳动合同的(除员工提出订立固定期限劳动合同外),用人单位应与员工订立无固定期限劳动合同:

a)员工在用人单位连续工作满十年的;

b)连续订立两次固定期限劳动合同的;

c)用人单位自用工之日起满一年不与劳动者订立书面劳动合同的。

5.4.9 季节性、临时性工作,以及承担相对独立的工作项目,用人单位可与员工订立以完成一定工作任务为期限的劳动合同。

5.4.10 劳动合同期限三个月以上不满一年的,试用期不得超过一个月;劳动合同期限一年以上三年以下的,试用期不得超过两个月;三年以上固定期限和无固定期限的劳动合同试用期不得超过六个月;以完成一定工作任务为期限的劳动合同或者劳动合同期限不满三个月的,不得约定试用期。

5.4.11 用人单位与员工协商一致,可解除劳动合同,并按下列情况办理:

a)劳动合同期限未满,员工提出解除劳动合同的,员工本人应提前三十日向用人单位提出书面《解除劳动合同通知书(个人通知企业)》(见附录 B 表 B.9),由用人单位办理解除劳动合同手续;

b)在试用期内,员工提出解除劳动合同的,应提前三日书面通知(见附录 B 表 B.9)用人单位,由用人单位办理解除劳动合同手续;

c)员工有《中华人民共和国劳动合同法》第三十九条规定的有过失情形的,用人单位在征求工会意见后,可立即解除劳动合同;

d)员工有《中华人民共和国劳动合同法》第四十条规定的无过失情形的,用人单位在征求工会意见后,可以解除劳动合同,但应提前三十日向员工本人发出书面《解除劳动合同通知书(企业通知个人)》(见附录 B 表 B.10),或者额外支付员工一个月工资后,可立即书面通知员工本人解除劳动合同;

e)用人单位按法定条件需要裁减人员的,用人单位应当提前三十日向工会或者全体职工说明情况,听取工会或者职工的意见,裁减人员方案经向劳动行政部门报告后,可以裁减人员;

f)员工有《中华人民共和国劳动合同法》第四十二条规定情形的,用人单位不得依照《中华人民共和国劳动合同法》第四十条、第四十一条的规定解除劳动合同;

g)员工自动离职时,用人单位应及时与其解除劳动合同,办理档案、社保账户的转移手续;

h)成建制划转人员,劳动关系按相关政策整体划转,劳动合同同时解除。

5.4.12　劳动合同的终止,按下列要求办理:

a)符合《中华人民共和国劳动合同法》第四十四条规定的劳动合同终止条件出现时,劳动合同终止;

b)员工达到法定退休年龄时,用人单位应及时按照有关规定办理员工退休手续,劳动合同终止;

c)固定期限劳动合同期满且双方不能在用人单位维持或提高劳动合同约定条件下劳动合同的续签达成一致的,劳动合同终止;

d)以完成一定工作任务为期限的劳动合同,劳动合同期满,劳动合同终止;

e)员工书面提出终止劳动合同的,劳动合同终止;

f)劳动合同期满延续终止的,按《中华人民共和国劳动合同法》第四十五条执行。

5.4.13　处级及以上领导干部劳动合同的解除和终止,依据相关文件,办理备案及相关手续由河南省电力公司人力资源部审查盖章。

5.4.14　用人单位和员工因各种原因终止、解除劳动合同均应填写《解除/终止劳动合同证明书》(见附录B表B.12),并将《解除/终止劳动合同证明书》纸介质各报送一份至河南省电力公司人力资源部组织处备案。

5.5　维护劳动合同信息

5.5.1　人力资源部负责维护劳动合同信息,建立健全员工的劳动合同管理台账(见附录B表B.13)。

5.5.2　人力资源部建立劳动合同管理预警系统,实现劳动合同的信息化管理。

5.6　劳动合同文本的保存和流转

5.6.1　新签、续签后的劳动合同文本由用人单位和员工各执一份,妥善保存。公司所有人员(含公司领导班子成员)的劳动合同由人力资源部负责保存和流转。

5.6.2　用人单位对已经解除或者终止的劳动合同的文本,至少保存两年备查。

6　检查与考核

6.1　检查与考核内容

6.1.1　严格执行国家、地方相关法律法规及河南省电力公司关于劳动合同管理的相关规定,按照有关要求,制定本公司劳动合同管理的规章制度。

6.1.2　将《解除/终止劳动合同备案表》、《劳动合同台账》及《解除/终止劳动合同证明书》报河南省电力公司相关部门备案。

6.1.3 劳动合同、劳动合同台账、劳动用工报表应“三统一”。

6.2 主要考核指标

表1列出了劳动合同管理的主要考核指标。

表1 劳动合同管理的主要考核指标

序号	考核指标	考核标准	负责岗位	所属部门	监督部门
1	执行国家、地方相关法律法规及河南省电力公司关于劳动合同相关管理规定的情况 执行国家、地方相关法律法规及河南省电力公司关于劳动合同相关管理规定的情况	内容包括： 1. 劳动合同签订率是否为100%； 2. 是否按照相关规定办理新签、续签、终止、解除、暂时停止履行劳动合同的手续； 3. 与员工解除或终止劳动合同时是否出具书面的终止、解除劳动合同证明，报当地劳动部门备案，并在十五日内为员工办理档案和社会保险关系转移手续；4. 履行劳动合同期间，用人单位是否存在违反劳动合同相关规定的情形； 5. 是否按照相关规定对劳动合同进行保存或流转； 6. 是否建立健全本单位的劳动合同台账及预警机制； 7. 其他违反公司机构编制管理规定的情形	人力资源部劳动组织管理岗位	人力资源部	人力资源部
2	劳动合同管理规章制度制定情况	是否制定公司劳动合同管理规章制度	人力资源部劳动组织管理岗位	人力资源部	人力资源部
3	将《解除/终止劳动合同备案表》及《解除/终止劳动合同证明书》报河南省电力公司人力资源部备案的情况	办理终止或解除劳动合同手续时，是否到河南省电力公司人力资源部备案	人力资源部劳动组织管理岗位	人力资源部	人力资源部
4	劳动合同、劳动合同台账、劳动用工报表“三统一”的情况	劳动合同、劳动合同台账、劳动用工报表是否存在不统一的情况	人力资源部劳动组织管理岗位	人力资源部	人力资源部

7 报告与记录

表2列出了执行本标准形成的报告与记录。

表2 劳动合同管理报告与记录汇总表

序号	报告和记录编号	报告和记录名称	填写人	保存地点	保存形式	保存期限
1	Q/GDW1714 2060201—2010 - R01	劳动合同	员工 用人单位	员工 人力资源部	纸质文本	永久保存
2	Q/GDW1714 2060201—2010 - R02	劳动合同变更书	员工 用人单位	员工 人力资源部	纸质文本	永久保存
3	Q/GDW1714 2060201—2010 - R03	终止劳动合同通知书(企业通知个人)	人力资源部 劳动组织 管理岗位	人力资源部	纸质文本	永久保存
4	Q/GDW1714 2060201—2010 - R04	终止/续订劳动合同意向通知书	人力资源部门 劳动组织 管理岗位	人力资源部	纸质文本	2年
5	Q/GDW1714 2060201—2010 - R05	个人续订劳动合同申请表	员工	人力资源部	纸质文本	2年
6	Q/GDW1714 2060201—2010 - R06	终止劳动合同通知书(个人通知企业)	员工	人力资源部	纸质文本	永久保存
7	Q/GDW1714 2060201—2010 - R07	终止/续订劳动合同答复书(个人答复企业)	员工	人力资源部	纸质文本	永久保存
8	Q/GDW1714 2060201—2010 - R08	劳动合同续订书	员工 用人单位	员工 人力资源部	纸质文本	永久保存
9	Q/GDW1714 2060201—2010 - R09	解除劳动合同通知书(个人通知企业)	员工 用人单位	人力资源部	纸质文本	永久保存
10	Q/GDW1714 2060201—2010 - R10	解除劳动合同通知书(企业通知个人)	人力资源部 劳动组织 管理岗位	人力资源部	纸质文本	永久保存
11	Q/GDW1714 2060201—2010 - R11	解除/终止劳动合同备案表	人力资源部 劳动组织 管理岗位	人力资源部	纸质文本	2年
12	Q/GDW1714 2060201—2010 - R12	解除/终止劳动合同证明书	人力资源部 劳动组织 管理岗位	人力资源部	纸质文本	永久保存
13	Q/GDW1714 2060201—2010 - R13	劳动合同台账	人力资源部 劳动组织 管理岗位	人力资源部	纸质文本	1年

附录 A
（规范性附录）
劳动合同管理流程

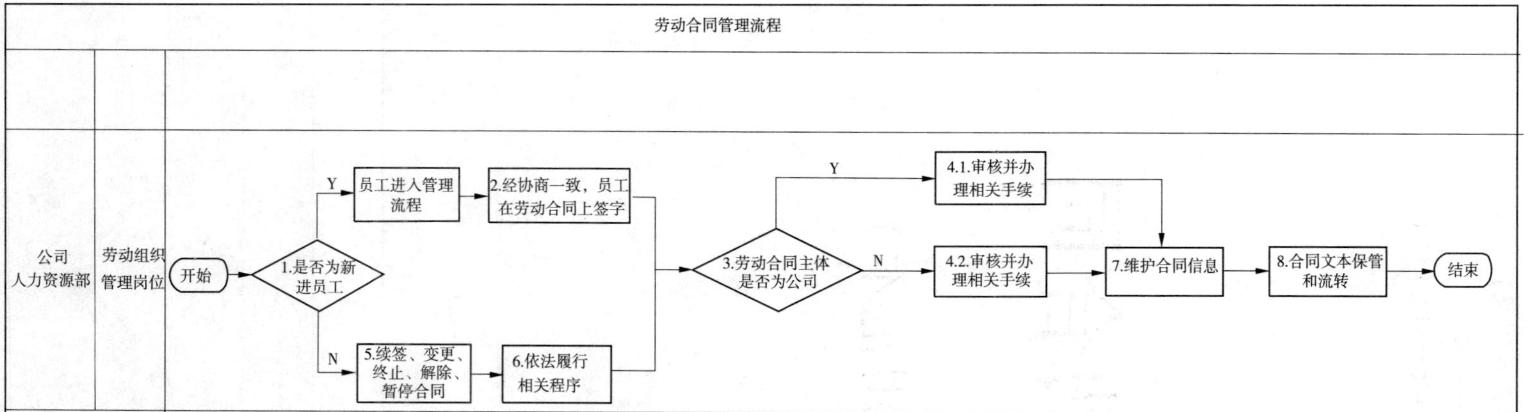

基础资料

1.劳动合同
2.劳动合同变更书
3.终止劳动合同通知书(企业通知个人)
4.终止/续订劳动合同意向通知书
5.个人续订劳动合同申请表
6.终止劳动合同通知书(个人通知企业)
7.终止/续订劳动合同答复书(个人答复企业)
8.劳动合同续订书
9.解除劳动合同通知书(个人通知企业)
10.解除劳动合同通知书(企业通知个人)
11.解除/终止劳动合同备案表
12.解除/终止劳动合同证明书
13.劳动合同台账

过程描述

公司劳动合同管理流程由公司人力资源部归口管理
节点1：公司人力资源部劳动组织管理岗位对员工信息进行判断是否为新进入的员工，如果是新进员工，需要单独处理。
节点2：公司人力资源部劳动组织管理岗位与新员工协商一致，员工在劳动合同上签字。
节点3：公司人力资源部劳动组织管理岗位判断新员工的劳动合同主体是否为公司。
节点4：公司人力资源部劳动组织管理岗位审核并办理相关手续。
节点5：公司人力资源部劳动组织管理岗位办理在职员工的续签、变更、终止、解除、暂停劳动合同业务。
节点6：公司人力资源部劳动组织管理岗位根据在职员工的劳动合同业务情形，依法履行相关程序办理相关业务。
节点7：公司人力资源部劳动组织管理岗位维护员工的劳动合同信息。
节点8：公司人力资源部劳动组织管理岗位对员工劳动合同文体进行各管和流转。

图 A.1　劳动合同管理流程图

附录 B

（规范性附录）

表格样式

表 B.1　劳动合同文本样式

合同编号：

劳动合同

（通用范本）

甲　　方：________________________

乙　　方：________________________

签约日期：________________________

<table>
<tr><td colspan="2">签约提示</td><td>本合同系对双方权利义务的重要约定，务请仔细阅审后签署。</td></tr>
<tr><td rowspan="2">签约声明</td><td>甲方</td><td>1. 因工作需要，需聘用一名工作人员，甲方保证所提供的招聘资料、相关规章制度和岗位职责等文件真实有效，不存在欺诈行为，并据此承担责任。
2. 甲方提供乙方需阅知的文件如下：________________</td></tr>
<tr><td>乙方</td><td>1. 乙方愿意到甲方从事工作，保证所提供的应聘资料真实，不存在欺诈行为，与其他用人单位不存在尚未解除或尚未终止的劳动关系，也不违反竞业限制义务，并据此承担责任。
2. 本合同所载明的乙方地址为甲方送达相关书面文件的有效地址，如有变更，乙方有义务在一周内通知甲方，否则甲方依照下列地址送达的文件即为有效送达。
3. 乙方同意，在其处于联系障碍状态（包括但不限于乙方因病住院、丧失人身自由等情形）时，本合同中的“委托联系人”作为乙方的紧急事件受委托人，该受委托人享有代为进行和解、代领、签收相关文书等事项的权限。
4. 乙方已阅知甲方提供的上述相关规章制度和岗位职责等文件，并充分理解了其中各项条款的内容，同时保证自觉遵守其中的所有规定。</td></tr>
</table>

<table>
<tr><td colspan="4">甲方</td></tr>
<tr><td>单位名称</td><td colspan="3"></td></tr>
<tr><td>法定代表人/主要负责人</td><td></td><td>联系电话</td><td></td></tr>
<tr><td>合同事务联系人</td><td></td><td>联系电话</td><td></td></tr>
<tr><td>单位地址</td><td colspan="3"></td></tr>
<tr><td>邮政编码</td><td colspan="3"></td></tr>
<tr><td colspan="4">乙方</td></tr>
<tr><td>姓名</td><td></td><td>固定电话</td><td></td></tr>
<tr><td>性别</td><td></td><td>移动电话</td><td></td></tr>
<tr><td>出生日期</td><td></td><td>电子邮箱</td><td></td></tr>
<tr><td>身份证号码</td><td></td><td>邮政编码</td><td></td></tr>
<tr><td>户籍所在地</td><td colspan="3"></td></tr>
<tr><td>现住址</td><td colspan="3"></td></tr>
<tr><td colspan="4">乙方委托联系人</td></tr>
<tr><td>姓名</td><td></td><td>固定电话</td><td></td></tr>
<tr><td>工作单位</td><td></td><td>移动电话</td><td></td></tr>
<tr><td>与乙方关系</td><td></td><td>邮政编码</td><td></td></tr>
<tr><td>现住址</td><td colspan="3"></td></tr>
<tr><td colspan="2">乙方签字（确认本页填写内容真实有效）</td><td>签字日期</td><td>年 月 日</td></tr>
<tr><td>备注</td><td colspan="3">1. 合同空白处应协商一致后填写，不需协商之处可填“无”或划去。
2. 合同用钢笔、签字笔或毛笔填写，涂改、未经合法授权代签无效。
3. 本合同未尽事宜可另加附件约定，由甲乙双方协商一致并签字确认，合同附件与本合同具有同等效力。</td></tr>
</table>

根据《中华人民共和国劳动法》和《中华人民共和国劳动合同法》，甲乙双方经平等协商，自愿签订本合同，共同遵守本合同所列条款。

一、劳动合同期限

第一条　本合同期限经双方约定，采取下列第____________种形式。

（一）固定期限：期限自________年____月____日起至________年____月____日止。

如该期限与以后签订的培训服务期限有冲突，劳动合同期限延续到培训协议约定的服务期届满之日止。

（二）无固定期限：自________年____月____日起至合同法定解除或终止情形出现之日止。

（三）以完成一定生产工作任务为期限：自________年____月____日起至生产工作任务完成之日止。

其中试用期自________年____月____日起至________年____月____日止。

二、工作内容和工作地点

第二条　乙方同意根据甲方工作需要，由甲方确定从事的工作内容（岗位/工种）为：________________________________。具体岗位职责详见相应的岗位说明，并负责完成甲方交办的其他临时性工作。

第三条　乙方同意根据甲方工作需要，由甲方确定的工作地点为：____。

第四条　乙方应按照本岗位/工种规定的数量和质量指标要求完成生产工作任务。

第五条　如乙方不能完成本岗位/工种所要求的工作任务，则可据此认为乙方不能胜任本岗位/工种工作，甲方可以为乙方调整工作岗位/工种，或者对乙方重新进行培训。

第六条　甲方可以根据生产和工作需要，以及乙方的身体状况、工作能力和表现，升、降乙方的职务，调整乙方的工作岗位/工种，乙方承诺服从甲方的安排。

第七条　根据甲方的工作需要，或乙方提出的变更工作地点的要求，经甲、乙双方协商同意，可以变更工作地点。

第八条　乙方患有岗位工种及行业禁忌的疾病，应及时向甲方报告，否则视为欺诈。

第九条　乙方从事特殊岗位/工种的，应按照规定进行培训并取得相应特种作业资格证。

第十条　未经甲方书面同意，乙方不得在其他单位兼职。

三、工作时间和休息休假

第十一条　甲方安排乙方执行以下第____________种工作制。

（一）标准工时工作制：甲方安排乙方每日工作八小时，每周工作四十小时。

（二）综合计算工时工作制：在综合计算周期内的总实际工作时间不超过总法定标准工作时间，综合计算周期为__________天。

（三）不定时工作制：本岗位/工种需要机动作业，在保证完成甲方工作任务前提下，工作和休息休假由甲乙双方协商安排。

实行本条（二）、（三）项工作制的，应经当地劳动部门批准。

第十二条　甲方确因工作需要安排乙方延长工作时间或在法定节假日、休息日安排乙方工作的，乙方应服从甲方统一安排；但甲方应按照国家相关法律法规及甲方公司制度安排补休或支付加班工资，以保证乙方合法权益。

第十三条　甲方按照国家、省、市规定保证乙方的休息权利，乙方在合同履行期间享受法定节假日以及国家、省、市规定的探亲假、婚丧假、计划生育等假期。

第十四条　乙方加班须经甲方批准并登记，否则不视为加班。

四、劳动报酬

第十五条　甲方的工资分配遵循按劳分配原则，甲方每月依据对乙方的工作业绩考核情况以货币形式支付乙方工资。

第十六条　乙方为甲方工作，实行以下第________种工资模式：

（一）标准工资：工资标准为________（大写）元/月，其中试用期间工资为________（大写）元/月。

（二）计件工资：甲方应按照合理的原则确定计件单价。乙方完成计件定额任务后，由甲方安排在法定标准工作时间以外工作的，甲方应当按规定支付加班工资。

（三）计时工资：________（大写）元/每小时。

（四）其他约定模式：________。

本合同中所指的工资若非特别说明，均为税前应发工资。

第十七条　乙方应对报酬或待遇向其他职工保密。

第十八条　甲方可以根据其实际经营状况、规章制度，对乙方的考核情况，以及乙方的工作年限、奖罚记录、岗位变化等，调整乙方的工资水平，但不低于国家规定的最低工资标准。

五、保险福利待遇

第十九条　甲乙双方应按国家有关部门关于社会保险的有关规定缴纳职工社会保险，乙方应当缴纳的社会保险费用由甲方按照规定代扣代缴。

第二十条　在合同期内乙方患病或非因工负伤，其医疗待遇和病假工资待遇按照国家、省、市规定执行。

第二十一条　乙方患职业病或因工负伤的工资和医疗保险待遇按国家有关规定执行。

第二十二条　女职工在孕期、产期、哺乳期以及职工节育手术期间的待遇，按照国家、省、市规定执行。

六、劳动保护和劳动条件

第二十三条　甲方应建立健全安全操作规程和劳动安全卫生制度，对乙方进行必要的劳动安全卫生教育。

第二十四条　甲方为乙方提供必要的劳动条件、防护用品和劳动工具。

第二十五条　乙方对在工作过程中可能产生的职业病危害及其后果、职业病防护措施有知悉的权利（见相应的岗位说明），甲方按照规定提供与此相关的防护措施和待遇。

第二十六条　乙方从事有职业危害的岗位（工种）工作，甲方应按有关规定，定期对乙方进行健康检查。

第二十七条　乙方在生产工作中，必须严格遵守安全操作规程。当甲方管理人员违章指挥，强令冒险作业时，乙方有权拒绝执行。

乙方违反安全操作规程，造成人身、设备事故或财产损失的，应按规定承担相应责任，接受用人单位的调查处理。

第二十八条　甲乙双方严格执行国家、省、市有关工伤事故和职业病报告制度。

第二十九条　甲方按国家、省、市有关规定对女职工和未成年工实行特殊劳动保护。

七、劳动纪律

第三十条　乙方应遵守法律、法规、行政规章和甲方依法制定的各项规章制度和劳动纪律；自觉服从甲方的管理，严格遵守劳动安全卫生、生产工艺、安全操作规程和工作规范；爱护甲方的财产，遵守职业道德；积极参加甲方组织的培训，提高思想觉悟和职业技能。

第三十一条　甲方的规章制度，通过员工手册、内部网站、公告栏、职工大会或代表大会、学习讨论会等形式公布。

乙方应主动学习并充分理解甲方制定的各项规章制度。

第三十二条　乙方违反劳动纪律，甲方可依据本单位规章制度，给予纪律处分，直至解除本合同。

八、劳动合同的变更、解除、终止

第三十三条　订立本合同所依据的法律、法规、规章发生变化时，依据变更后的有关规定执行。

第三十四条　订立本合同所依据的客观情况发生重大变化，致使本合同无法履行的，经甲乙双方协商同意，可以变更本合同相关内容。

第三十五条　经甲乙双方协商一致，本合同可以解除。

第三十六条　乙方有下列情形之一，甲方可以解除本合同：

1. 在试用期间，被证明不符合录用条件的（详见相关录用条件）；

2. 严重违反劳动纪律或甲方规章制度的；

3. 严重失职、徇私舞弊，对甲方利益造成重大损失的；

4. 乙方同时与其他用人单位建立劳动关系，影响本单位工作任务，或者经甲方提出，拒不改正的；

5. 乙方以欺诈、胁迫手段，使甲方在违背真实意思的情况下订立或变更劳动合同的；

6. 被依法追究刑事责任的。

7. 其他规章制度规定的情形。

第三十七条　乙方未能在到岗后30天内提供其被录用的相关资料，致使甲方无法办理录用及社会保险缴纳手续的，视为乙方不符合录用条件，甲方有权解除合同。

第三十八条　乙方有下列情形（包括但不限于），足以影响甲方对乙方的录用决定，视为欺诈：

1. 乙方被查实在应聘时向甲方提供的个人履历及其他资料（包括但不限于离职证明、身份证明、户籍证明、学历证明、体检证明等）是虚假或伪造的；

2. 乙方在应聘前患有精神病、传染性疾病及其他严重影响工作的疾病，未治愈而在应聘时未声明的；

3. 乙方隐瞒或未提供真实的违法违纪历史的；

4. 其他情形（可根据岗位/工种、行业特点进行细化）。

第三十九条　乙方有下列情形（包括但不限于），视为严重失职：

1. 因其自身原因疏于职守、违章操作或徇私舞弊，对甲方利益造成经济损失达__________元以上的；

2. 其他规章制度规定的情形（可根据岗位/工种、行业特点进行细化）。

第四十条　乙方有下列情形（包括但不限于）属于严重违反甲方规章制度。

1. 乙方接受客户商业贿赂，达_______________元以上的；

2. 在工作场所打架斗殴，造成严重影响后果的；

3. 其他规章制度规定的情形（可根据岗位/工种、行业特点进行细化）。

第四十一条　有下列情形之一，甲方提前三十日以书面形式通知乙方或额外支付乙方一个月工资后可以解除本合同：

1. 乙方患病或非因工负伤，医疗期满后，不能从事原工作也不能从事由甲方另行安排的工作的；

2. 乙方不能胜任工作，经过培训或者调整工作岗位，仍不能胜任工作的；

3. 双方不能依据本合同第三十四条规定就变更合同达成协议的。

第四十二条　甲方需要经济性裁员时，经向工会或者全体职工说明情况听取工会或者职工的意见，并向劳动行政部门报告后，可以解除本合同。

第四十三条　乙方有下列情形之一，甲方不得依据本合同第四十一条、第四十二条解除本合同：

1. 患病或非因工负伤，在规定的医疗期内的；

2. 女职工在孕期、产期、哺乳期内的；

3. 从事接触职业病危害作业未进行离岗前健康检查的，或乙方在疑似职业病诊断、观察期；

4. 在本单位患职业病或者因工负伤并被确认丧失或者部分丧失劳动能力的：

5. 在甲方连续工作满十五年，且距法定退休年龄不足五年的；

6. 法律法规规定的其他情形。

第四十四条　有下列情形之一的，本合同终止：

1. 合同期满且双方不能在甲方维持或提高劳动合同约定条件下劳动合同的续签达成一致的；

2. 甲方破产、解散、被吊销营业执照、责令关闭或者被撤销的；

3. 乙方享受基本养老待遇、死亡、被宣告死亡、宣告失踪的；

4. 法律法规规定的其他情形。

第四十五条　劳动合同期满，有本合同第四十三条规定情形之一的应延续至相应的情形消失时终止，但第四十三条第4项丧失或者部分丧失劳动能力，劳动者的劳动合同的终止，按照国家有关工伤保险的规定执行。

第四十六条　乙方应当提前三十日以书面形式通知甲方，在试用期应当提前三日通知甲方,可以解除本合同。

第四十七条　甲方有下列情形之一,乙方可以随时通知甲方解除本合同:

1. 未按照劳动合同约定提供劳动保护或者劳动条件的;

2. 未足额支付劳动报酬的;

3. 未依法为乙方缴纳社会保险费的;

4. 规章制度违反法律法规规定,损害乙方权益的;

5. 以欺诈、胁迫手段,使乙方在违背真实意思的情况下订立或变更劳动合同的;

6. 劳动合同免除甲方的法定责任、排除乙方权利,导致合同无效的;

7. 法律、行政法规规定乙方可以解除劳动合同的其他情形。

第四十八条　甲方有下列情形之一,乙方无须事先告知甲方,可以立即解除本合同:

1. 甲方以暴力、威胁或者非法限制人身自由的手段强迫劳动的;

2. 违章指挥、强令冒险作业危及乙方人身安全的。

第四十九条　劳动合同期限届满前,甲乙双方应就合同续签事宜进行协商。劳动合同期限届满,双方未就续签合同达成一致的,劳动合同终止。

第五十条　交接事项:乙方在双方之间的劳动合同解除或终止后,应当与甲方指定人员进行相关的工作交接。

乙方所在部门出具工作交接完毕证明后,办理离职和领取经济补偿金手续。

乙方未提前三十天向甲方提出辞职或有其他擅自离职情形的,甲方将在乙方办结工作交接后支付乙方当月工资和其他待遇。

第五十一条　乙方欠付甲方任何款项,或者乙方违反合同约定的条件解除劳动合同,给甲方造成任何经济损失,依照法律法规规定和合同约定应承担的赔偿责任,甲方有权从乙方的工资、奖金及津贴、补贴等(包括并不限于此)中做相应的扣除,但该扣除不得违反法律法规的规定,不够扣除的,甲方仍然有权就剩余部分向乙方追偿。

第五十二条　双方解除、终止劳动合同后,甲方应当为乙方出具解除或终止劳动合同的证明,并按有关规定在十五日内为乙方办理档案和社会保险关系转移手续。

九、经济补偿与赔偿金

第五十三条　有下列情形之一,甲方应当向乙方支付经济补偿:

1. 甲方有本合同第四十七条的行为导致乙方提出解除劳动合同的;

2. 甲方提出,双方一致同意解除劳动合同的;

3. 甲方按照本合同第四十一条、四十二条规定解除劳动合同的;

4. 劳动合同期限届满,甲方未按照原合同条件续订劳动合同导致劳动合同终止的;

5. 甲方被依法宣告破产、被吊销营业执照、责令关闭、撤销或甲方决定提前解散导致劳动合同终止的。

经济补偿的标准按照国家法律有关规定执行。

第五十四条　甲方违反本合同约定解除或终止劳动合同的,应向乙方支付赔偿金,赔偿金的标准按国家法律规定执行。

第五十五条　乙方违反规定解除劳动合同,给甲方造成损失的,乙方应赔偿甲方损失。

乙方隐瞒尚未解除或者终止原劳动合同关系导致甲方赔偿的，甲方有权向乙方追偿。

十、培训与服务期、保密、竞业限制与知识产权

第五十六条　培训与服务期

乙方在合同期间接受甲方提供的出资进行专项技术培训，甲方可以与乙方约定服务期。乙方若违反约定，提前解除合同的，应偿付甲方按照服务期尚未履行部分所应分摊的培训费用。双方可另行签订《培训协议》，约定具体服务期、违约责任并执行。

专项技术培训是指为提高乙方特定技能而提供的培训，不包括上岗前的培训和日常业务培训。

第五十七条　保密

1. 商业秘密包括技术信息、经营管理信息和人力资源信息。

2. 甲方固有的和乙方在甲方任职期间创建的经营渠道、客户资料、经济合同以及与各种重要经营活动有关联的文件等经营信息，甲方单位研制开发或者以其他合法方式掌握的、未公开的、能给单位带来经济利益或竞争优势，具有实用性且甲方单位采取了保密措施的技术信息，包括但不限于设计图纸（含草图）、试验结果和试验记录、工艺、配方、样品、数据、计算机程序等，甲方的财务信息、人事信息和管理信息等均属于甲方的商业秘密。乙方必须遵守保密规定，未经甲方书面同意，不得对外透露，并绝对禁止使用这些商业秘密为自己或他人谋利，包括采取以转让、授权他人、泄密等形式的非法使用，否则视为乙方违约。因此，给甲方造成的经济和其他方面的损失，甲方享有追究乙方法律责任和要求乙方经济赔偿的权利。

3. 根据乙方工作性质，乙方与甲方在签订劳动合同时或劳动合同履行期间签订保密协议，遵守甲方的保密制度，履行保守甲方秘密的义务。

4. 乙方调离甲方或合同期满，乙方应把所有的有关商业秘密的资料移交甲方，同时承担不对外泄露甲方商业秘密的义务。乙方违反此义务，给甲方造成的经济和其他方面的损失，乙方应当承担赔偿责任。

第五十八条　竞业限制

1. 甲方有权要求乙方按照岗位性质签订竞业限制协议，乙方与甲方签订竞业限制协议的，双方对于竞业限制的权利义务以协议为准。

2. 乙方负有竞业限制义务的，乙方保证在解除或终止与甲方的劳动合同后，不到与甲方生产或者经营同类产品、从事同类业务的有竞争关系的其他用人单位工作，保证自己不开业生产或者经营同类产品、从事同类业务。

乙方的竞业限制期限自________年____月____日起至________年____月____日，地域为________________。在竞业限制期间甲方给予乙方一定经济补偿，具体标准为________________元/月，支付方式为________________。乙方违反竞业限制约定的，除赔偿因此给甲方带来的直接经济损失外，还应当向甲方支付违约金，违约金的数额为________________元。

第五十九条　知识产权

双方确认，乙方在甲方任职期间创作/开发的发明创造、作品等，包括但不限于工程设计、产品设计、图纸及其说明、计算机软件，培训教材、技术指导书等作品、技术秘密或者经

营秘密，其权利属于甲方所有，未经甲方事先书面许可，乙方不得直接或间接地利用或允许他人利用上述发明创造和作品等。乙方应当依据甲方的要求提供一切必要的信息和采取一切必要的行动，包括申请、注册、登记等协助甲方取得和行使有关的知识产权。

乙方在退职退休或终止劳动合同（终止包括但不限于辞退、辞职等正常离职的情况以及自动离职等非正常离职的情况）后一年内做出的与其在甲方承担的本职工作或在甲方分配的任务有关的发明创造及作品，其所有权属于甲方。

十一、劳动争议处理

第六十条　因履行本合同发生劳动争议，当事人可以向劳动争议调解委员会申请调解。调解劳动争议应自当事人投诉并申请调解之日起三十日内结束，到期未结束，视为调解无效。

第六十一条　劳动争议调解无效，当事人在法定时效内可以依据《中华人民共和国劳动争议调解仲裁法》申请仲裁、提起诉讼。

十二、其他

第六十二条　乙方向甲方提供的个人资料，未经乙方同意，甲方不得违法公开或泄漏。

第六十三条　甲方的规章制度（包括但不限于员工手册、岗位职责、培训协议、保密协议、竞业限制协议、安全准则等）均属于本合同的附件，合同附件具有与本合同同等的效力。

第六十四条　乙方应妥善保管《劳动合同》，因乙方原因丢失《劳动合同》而引发后果的，由乙方负责。

第六十五条　本合同未尽事宜，双方另有约定的，从约定；双方没有约定的，从法律、法规和规章制度。

第六十六条　本合同一式两份，甲乙双方各执一份，经双方签字（或盖章）生效。

本合同签字确认栏：

甲方（盖章）	乙方
法定代表人签字或	乙方签字
委托代理人签字	
签订日期　　年　　月　　日	签订日期　　年　　月　　日

表 B.2　劳动合同变更书

劳动合同变更书

编号:(由企业编号)

<table>
<tr><td colspan="4">经甲乙双方平等协商,对______年___月___日签订的劳动合同作如下变更:</td></tr>
<tr><td colspan="2">甲方(盖章)</td><td colspan="2">乙方</td></tr>
<tr><td>法定代表人签字或
委托代理人签字</td><td></td><td>乙方签字</td><td></td></tr>
<tr><td>签订日期</td><td>年　月　日</td><td>签订日期</td><td>年　月　日</td></tr>
</table>

注:本劳动合同变更书一式两份,甲乙双方各执一份,经双方签字(或盖章)生效。

表 B.3　终止劳动合同通知书

终止劳动合同通知书

（企业通知个人）

编号：（由企业编号）

员工姓名		所在部门	
企业与你签订的劳动合同将于________年____月____日到期，劳动合同期满，劳动合同终止，企业不再与你续订劳动合同。请你在合同期满之日（遇节假日提前），到企业人力资源部门办理终止劳动合同手续，以便转移你的社会保险关系与个人人事档案。 若拒绝接受本通知或逾期未交回《签收回执》，企业将按法定告知程序，送达《解除/终止劳动合同证明书》。由你本人原因导致转移延期而影响个人权益，由你本人负责。			
经办人签字		发出日期	年　月　日
审核人签字		审核日期	年　月　日
经办人联系电话		企业名称	（公章）

注：编号：年份—流水号，如 2008—01。

（企业骑缝公章）

编号：（同上）

《终止劳动合同通知书》签收回执			
本人已收到并阅知________________（企业名称）于________年____月____日发出的《终止劳动合同通知书》，本人将履行相应责任和义务，将在劳动合同期满之日（遇节假日提前），到企业人力资源部门办理终止劳动合同手续。			
员工签字		签收日期	年　月　日
员工联系电话		员工现住址	
委托联系人签字		签收日期	年　月　日
委托联系人电话		委托联系人现住址	

注：本通知书一式两份，企业与个人各执一份。

表 B.4　终止/续订劳动合同意向通知书

终止/续订劳动合同意向通知书

编号:(由企业编号)

<table>
<tr><td>员工姓名</td><td></td><td>所在部门</td><td></td></tr>
<tr><td colspan="4">企业与你签订的劳动合同将于________年____月____日期满,企业有意向维持或提高劳动合同约定条件与你续订劳动合同,请对下表所列选项,做出一种选择,于________年____月____日前交回企业人力资源部门。
拒绝签收或逾期未交回本通知《签收回执》,视为在企业有意向维持或提高劳动合同约定条件与你续订劳动合同时,你选择终止劳动合同。请你在劳动合同期满之日(遇节假日提前),到企业人力资源部门办理终止劳动合同手续。若逾期未办理终止劳动合同手续,企业将按法定告知程序,送达《解除/终止劳动合同证明书》。</td></tr>
<tr><td>经办人签字</td><td></td><td>发出日期</td><td>年　月　日</td></tr>
<tr><td>审核人签字</td><td></td><td>审核日期</td><td>年　月　日</td></tr>
<tr><td>经办人联系电话</td><td></td><td>企业名称</td><td>(公章)</td></tr>
</table>

注:编号:年份—流水号,如 2008—01。

(企业骑缝公章)

编号:(同上)

<table>
<tr><td colspan="4">《终止/续订劳动合同意向通知书》签收回执</td></tr>
<tr><td colspan="4">本人已收到并阅知__________________(企业名称)于________年____月____日发出的《终止/续订劳动合同意向通知书》,本人将履行相应责任和义务。经慎重考虑,本人按以下第________种意见答复:
1. 不同意企业提出的维持或提高劳动合同约定条件续订劳动合同,终止劳动合同。请企业在劳动合同期满之日(遇节假日提前),办理本人终止劳动合同手续,并转移社会保险关系与个人人事档案。
2. 同意企业提出的维持或提高劳动合同约定条件,续订劳动合同,请予办理。
注:保留选择项,划去非选择项,涂改无效。</td></tr>
<tr><td>员工签字</td><td></td><td>签收日期</td><td>年　月　日</td></tr>
<tr><td>员工联系电话</td><td></td><td>员工现住址</td><td></td></tr>
</table>

注:本通知书一式两份,企业与个人各执一份。

表 B.5　个人续订劳动合同申请表

个人续订劳动合同申请表

编号:(由企业编号)

<table>
<tr><td>员工姓名</td><td></td><td>性别</td><td></td><td>出生日期</td><td>年　月　日</td></tr>
<tr><td>工作部门</td><td></td><td>工作岗位</td><td></td><td>工作时间</td><td>年　月　日</td></tr>
<tr><td colspan="2">申请续订合同期限</td><td colspan="4"></td></tr>
<tr><td colspan="2">其他要求</td><td colspan="4"></td></tr>
<tr><td>员工签字</td><td></td><td>申请日期</td><td colspan="3">年　月　日</td></tr>
</table>

注:编号:年份—流水号,如 2008—01。

<table>
<tr><td colspan="4">企业续订劳动合同审批程序</td></tr>
<tr><td rowspan="3">员工所在部门意见</td><td colspan="3">鉴定意见:</td></tr>
<tr><td>□不同意续订</td><td>负责人签字</td><td></td></tr>
<tr><td>□同意续订</td><td>鉴定日期</td><td>年　月　日</td></tr>
<tr><td rowspan="4">人力资源部门意见</td><td>□不同意续订</td><td colspan="2">原因:</td></tr>
<tr><td>□同意续订</td><td colspan="2">• 当续订事项与员工申请不一致时,需再次征求员工意见</td></tr>
<tr><td rowspan="2">续订期限:</td><td>负责人签字</td><td></td></tr>
<tr><td>审核日期</td><td>年　月　日</td></tr>
<tr><td rowspan="4">领导意见</td><td>□不同意续订</td><td colspan="2">• 由企业与员工办理终止劳动合同手续</td></tr>
<tr><td rowspan="3">□同意续订</td><td colspan="2">• 由企业与员工办理续订劳动合同手续</td></tr>
<tr><td>负责人签字</td><td></td></tr>
<tr><td>审核日期</td><td>年　月　日</td></tr>
</table>

注:在□中,打√为选择意向,打×为非选择意向,涂改无效。

<table>
<tr><td rowspan="3">再次征求员工意见</td><td>□续订事项未达成一致,不同意续订</td><td colspan="2">视为在企业有意向维持或提高劳动合同约定条件与你续订劳动合同时,你选择终止劳动合同。企业将随后与你办理终止劳动合同手续</td></tr>
<tr><td>□续订事项达成一致,同意续订</td><td>员工签字</td><td></td></tr>
<tr><td>续订期限:</td><td>签字日期</td><td>年　月　日</td></tr>
<tr><td>备注</td><td colspan="3">若员工拒绝在再次征求意见栏中签字,视为在企业有意向维持或提高劳动合同约定条件与你续订劳动合同时,你选择终止劳动合同。企业将随后与你办理终止劳动合同手续</td></tr>
</table>

注:在□中,打√为选择意向,打×为非选择意向,涂改无效。

附:员工自我鉴定书			
本合同期内工作总结:			
下一合同期内工作打算:			
员工签字		鉴定日期	

表 B.6　终止劳动合同通知书

终止劳动合同通知书

（个人通知企业）

编号：（由企业编号）

企业名称			
本人于________年____月____日与企业签订的劳动合同将于________年____月____日到期，劳动合同期满，劳动合同终止，本人不再与企业续订劳动合同。请企业在劳动合同期满之日（遇节假日提前），办理本人终止劳动合同手续，并转移社会保险关系与个人人事档案。			
员工签字		发出日期	年　月　日
员工联系电话		员工现住址	

注：编号：年份—流水号，如2008—01。

（企业骑缝公章）

编号：（同上）

《终止劳动合同通知书》签收回执			
企业已收到并阅知__________（员工姓名）于________年____月____日发出的《终止劳动合同通知书》，经研究，企业按以下第________种意见答复： 1. 企业同意终止你于________年____月____日与企业签订的劳动合同。请在劳动合同期满之日（遇节假日提前），到企业人力资源部门办理终止劳动合同手续。若逾期未办理终止劳动合同手续，企业将按法定告知程序，送达《解除/终止劳动合同证明书》。 2. 企业有意向维持或提高劳动合同约定条件与你续订劳动合同，请你于____日内回复意见。 注：保留选择项，划去非选择项，涂改无效。			
经办人签字		签收日期	年　月　日
审核人签字		审核日期	年　月　日
经办人联系电活		企业名称	（公章）

注：本通知书一式两份，企业与个人各执一份。

表 B.7　终止/续订劳动合同答复书

终止/续订劳动合同答复书

（个人答复企业）

编号：(由企业编号)

<table>
<tr><td>企业名称</td><td colspan="3"></td></tr>
<tr><td colspan="4">本人已收到并阅知企业于________年____月____日发出的《签收回执》，本人将履行相应责任和义务。经慎重考虑，本人按以下第________种意见答复：
1. 不同意企业提出的维持或提高劳动合同约定条件续订劳动合同，终止劳动合同。请企业在劳动合同期满之日（遇节假日提前），办理本人终止劳动合同手续，并转移社会保险关系与个人人事档案。
2. 同意企业提出的维持或提高劳动合同约定条件，续订劳动合同，请予办理。
注：保留选择项，划去非选择项，涂改无效。</td></tr>
<tr><td>员工签字</td><td></td><td>发出日期</td><td>年　月　日</td></tr>
<tr><td>员工联系电话</td><td></td><td>员工现住址</td><td></td></tr>
</table>

注：编号：年份—流水号，如 2008—01。

（企业骑缝公章）

编号：(同上)

<table>
<tr><td colspan="4">《终止/续订劳动合同答复书》签收回执</td></tr>
<tr><td colspan="4">企业已收到并阅知____________（员工姓名）于________年____月____日发出的《续订劳动合同答复书》，企业将按你提出的答复意见，履行相应责任和义务，并按以下第________种方式办理：
1. 请你在劳动合同期满之日（遇节假日提前），到企业人力资源部门办理终止劳动合同手续。若逾期未办理终止劳动合同手续，企业将按法定告知程序，送达《解除/终止劳动合同证明书》。
2. 请你在劳动合同期满之前（遇节假日提前），到企业人力资源部门办理续订劳动合同手续。
注：保留选择项，划去非选择项，涂改无效。</td></tr>
<tr><td>经办人签字</td><td></td><td>签收日期</td><td>年　月　日</td></tr>
<tr><td>审核人签字</td><td></td><td>审核日期</td><td>年　月　日</td></tr>
<tr><td>经办人联系电话</td><td></td><td>企业名称</td><td>（公章）</td></tr>
</table>

注：本通知书一式两份，企业与个人各执一份。

表 B.8　劳动合同续订书

劳动合同续订书

编号:(由企业编号)

1. 经甲乙双方平等协商,同意续订劳动合同,本次续订劳动合同期限自________年____月____日至________年____月____日止。

2. 甲乙双方同意继续履行________年____月____日签订的劳动合同的各项条款。

3. 其他补充约定条款:

<table>
<tr><td colspan="2">甲方(盖章)</td><td colspan="2">乙方</td></tr>
<tr><td>法定代表人签字
或委托代理人
签字</td><td></td><td>乙方签字</td><td></td></tr>
<tr><td>签订日期</td><td>年　月　日</td><td>签订日期</td><td>年　月　日</td></tr>
</table>

注:本劳动合同续订书一式两份,甲乙双方各执一份,经双方签字(或盖章)生效。

表 B.9　解除劳动合同通知书

解除劳动合同通知书

（个人通知企业）

编号：(由企业编号)

企业名称			
因____________________________________事由，现依据相关法律规定和劳动合同条款约定，本人决定于本通知发出后第30日，解除与企业______年___月___日签订的劳动合同。请企业接本通知30日内(遇节假日提前)，办理本人解除劳动合同手续，并在解除劳动合同手续15日内，转移本人社会保险关系与个人人事档案。			
员工签字		发出日期	年　月　日
员工联系电话		员工现住址	

注：编号：年份—流水号，如2008—01。

（企业骑缝公章）

编号：(同上)

《解除劳动合同通知书》签收回执			
企业已收到并阅知________________(员工姓名)于______年___月___日发出的《解除劳动合同通知书》。企业将履行相应责任和义务。请在约定解除劳动关系时间内(遇节假日提前)，到企业人力资源部门办理解除劳动合同手续。若逾期未办理解除劳动合同手续，企业将按法定告知程序，送达《解除/终止劳动合同证明书》。			
经办人签字		签收日期	年　月　日
审核人签字		审核日期	年　月　日
经办人联系电话		企业名称	(公章)

注：本通知书一式两份，企业与个人各执一份。

表 B.10　解除劳动合同通知书

解除劳动合同通知书

（企业通知个人）

编号：（由企业编号）

员工姓名		所在部门	
因＿＿＿＿＿＿＿＿＿＿＿＿＿＿＿＿＿＿＿＿＿＿＿＿＿事由，现依据相关法律规定和劳动合同条款约定，企业决定于本通知发出后第 30 日，解除与你＿＿＿＿年＿＿月＿＿日签订的劳动合同。请你接本通知 30 日内（遇节假日提前），到企业人力资源部门办理解除劳动合同手续，以便转移你的社会保险关系与个人人事档案。 若拒绝接受本通知或逾期未交回《签收回执》，企业将按法定告知程序，送达《解除/终止劳动合同证明书》。由你本人原因导致转移延期而影响个人权益，由你本人负责。			
经办人签字		发出日期	年　月　日
审核人签字		审核日期	年　月　日
经办人联系电话		企业名称	（公章）

注：编号：年份—流水号，如 2008—01。

（企业骑缝公章）

编号：（同上）

《解除劳动合同通知书》签收回执			
本人已收到并阅知＿＿＿＿＿＿＿＿＿＿＿＿＿＿＿＿（企业名称）于＿＿＿＿年＿＿月＿＿日发出的《解除劳动合同通知书》。本人将履行相应责任和义务，将在约定解除劳动关系时间内（遇节假日提前），到企业人力资源部门办理解除劳动合同手续。			
员工签字		签收日期	年　月　日
员工联系电话		员工现住址	
委托联系人签字		签收日期	年　月　日
委托联系人电话		委托联系人现住址	

注：本通知书一式两份，企业与个人各执一份。

表 B.11　解除/终止劳动合同备案表

填报日期:

填报人:　　　　　　　　　　联系电话:

审核人:　　　　　　　　　　联系电话:

审批人:

填报单位(盖章):

序号	单位名称	员工姓名	性别	出生日期	录用日期	工作部门	职务/工作岗位	职称/职业资格	身份证号码	解除或终止劳动合同情况				经济补偿情况说明	后续问题处理及是否存在劳动争议隐患说明	备注
										解除合同日期	解除合同缘由	终止合同日期	终止合同缘由			

注:1. 备案范围:公司在册全民身份职工(含公司人事代理职工)。

2. 多重子公司逐级上报。

3. 本备案表(纸介版)一式两份,报公司员工管理处和劳动薪酬处备案,本单位留存一份。同时报送电子版备案表,并报公司社保中心保险部、综合部、人力资源发展中心,副处级及以上领导干部并报干部管理处。

4.《解除/终止劳动合同证明书》(纸介版)各报送一份至公司员工管理处和劳动薪酬处备案。

5. 用 A4 纸打印。

6. 日期填写 8 位数,不加“年月日”。

7. 解除、终止合同选择一项填写,非选择项划掉。

表 B.12　解除/终止劳动合同证明书

编号:(由各单位编号)

姓名		性别	
出生日期		职务/工作岗位	
录用日期		合同起止日期	
本单位工作年限		合同期限	
解除/终止合同形式	□:解除　　□:终止	解除/终止合同日期	
解除/终止合同缘由:			
该同志因上述缘由已与我单位解除/终止劳动合同。 特此证明。 单位名称:　　（公章） 日　　期:　　年　月　日			
经办人签字		联系电话	
当事人签字		签收日期	

注:1. 编号:年份—流水号,如 2008—01。

2. 解除/终止合同形式:在□中,选择项打√,非选择项打×。

3.《解除/终止劳动合同证明书》(纸介版)一式 6 份。送达当事人一份,当地劳动部门一份,公司员工流动处、劳动组织处、养老保险处各一份,用人单位留存一份。

表 B.13　开封供电公司公司劳动合同台账

填报基准日：

填报人：　　　　　　　　　　　　联系电话：

审核人：　　　　　　　　　　　　联系电话：

审批人：

填报单位(盖章)：

序号	单位名称	员工姓名	性别	出生日期	录用日期	工作部门	职务/工作岗位	职称/职业资格	身份证号码	联系方式			委托联系人			当前劳动合同					首次合同期限（年）	二次合同期限（年）	备注
										联系电话	现住址	户籍所在地	姓名	与员工关系	联系电话	起始时间	终止时间	合同期限（年）	签订日期	合同类型			

注：1. 报送纸介版时用 A4 纸打印。

2. 日期填写 8 位数，不加“年月日”。

3. 劳动合同期限只填写数字，不加“年”字。

4. 合同类型：无固定期限、固定期限、完成一定工作为期限。

组织机构管理标准

Q/GDW1714 2060202—2010

前 言

本标准为规范开封供电公司组织机构管理而制定。

本标准中的附录 A、附录 B 为规范性附录。

本标准由开封供电公司标准化建设委员会提出并归口。

本标准由开封供电公司标准化建设办公室组织起草编制。

本标准起草人:王玉霞

本标准编审组审核人:杨耀杰

本标准专业审核人:杨耀杰

本标准标准化建设办公室审核人:胡昆岭 郑罡 高鑫 张白 朱峰 高付良 申文琰 周世华

本标准审定人:郭亚

本标准批准人:郑盾

本标准由开封供电公司标准化建设委员会委托发展策划部负责解释。

本标准首次发布。

1 范围

本标准规定了开封供电公司组织机构管理的规范性引用文件、术语和定义、职责与权限、管理内容与方法以及检查与考核、报告与记录等要求。

本标准适用于开封供电公司组织机构管理。

2 规范性引用文件

下列文件对于本文件的应用是必不可少的。凡是注日期的引用文件,仅所注日期的版本适用于本文件。凡是不注日期的引用文件,其最新版本(包括所有的修改单)适用于本文件。

能源人[1991]444 号 能源部机构编制管理暂行办法

Q/GDW247.1 ~ Q/GDW247.7—2008 《国家电网公司供电企业劳动定员标准》

国家电网人资[2009]382 号 《关于规范网省公司本部机构编制和职级序列管理的意见》

豫电人资[2009]1168 号 《关于印发河南省电力公司本部职能部门设置方案的通知》

开电人资[2010]8 号 《关于印发开封供电公司部门机构职责的通知》

3 术语和定义

下列术语和定义适用于本文件。

3.1 机构

公司和其内设机构。

3.2 编制

公司和其内设机构、岗位所需配备的人员数。

3.3 非常设机构

各类领导小组(委员会)或为完成某一特定的工作任务而设立的临时性机构。

4 职责与权限

4.1 管理分工

4.1.1 公司组织机构管理工作遵循“统一管理,分级负责”的原则。

4.1.2 人力资源部门是公司组织机构编制的归口管理部门,负责提出公司内设机构编制调整的申请,并按照河南省电力公司的批复意见组织实施。

4.2 公司党委会(分管领导)

对公司机构设置与调整方案进行决策和批准。

4.3 公司人力资源部

4.3.1 贯彻执行河南省电力公司机构编制管理的有关规定。

4.3.2 制定公司组织机构编制管理的规章制度,建立符合公司的组织机构管理体系,报河南省电力公司备案。

4.3.3 负责公司组织机构编制管理,根据工作需要和变化的情况,提出公司组织机构编制调整方案,报河南省电力公司审核批准后,负责组织实施。

4.3.4 负责公司非常设机构的设立、调整工作。

4.3.5 公司负责审批县供电公司组织机构编制方案,并指导、监督和检查县供电公司的组织机构编制管理工作。

4.4 公司各部门

4.4.1 根据工作需要,对本部门组织机构设置提出调整的意见和建议,并提交公司人力资源部门。

4.4.2 根据工作需要,对本单位非常设机构设置提出意见和建议。

5 管理内容与方法

5.1 本标准依据的流程

公司组织机构设置与调整流程见附录A,岗位设置与调整流程见附录B。

5.2 提交组织机构设置与调整申请(方案)

5.2.1 增设机构、岗位申请(方案)中应包括以下内容:

a)必要性和可行性;

b)增设的机构、岗位的名称、职能、职级和隶属关系;

c)增设岗位的岗位属性(管理、非管理)、岗位说明书;

d)增设的机构、岗位与其他业务相近的机构、岗位在职能上的划分;

e)增设的机构、岗位所需的编制。

5.2.2 调整、撤销机构、岗位申请(方案)中应包括以下内容:

a)调整、撤销的理由;

b)调整、撤销后职能的消失、转移等情况;

c)调整、撤销后编制的调整和人员流动等情况。

5.2.3 调整编制的申请(方案)中应包括以下内容:

a)必要性和可行性;

b)调整编制的依据;

c)调整编制的机构、岗位的名称、编制调整数额等情况。

5.3 提交机构设置调整申请(方案)过程

按照能源人[1991]444 号《能源部机构编制管理暂行办法》、Q/GDW247.1 ~ Q/GDW247.7《国家电网公司供电企业劳动定员标准》、开电人资[2010]8 号《关于印发开封供电公司部门机构职责的通知》,根据公司生产经营实际需要,有关部门主任组织编制机构设置调整申请报告(见附录 B),向公司人力资源部门劳动组织岗位提交,人力资源部门劳动组织岗位汇总各部门申请报告,提出公司机构设置与调整申请,经人力资源部门主任初审和分管领导审核签发后,报河南省电力公司人力资源部组织处备案。

5.4 落实机构设置与调整方案

依据河南省电力公司批准的公司内设机构设置与调整方案,人力资源部门具体组织实施公司内部机构设置与调整。

5.5 信息维护与资料备案

机构设置与调整结束后,公司人力资源部门劳动组织岗位维护组织机构设置与调整的信息,并将组织机构设置与调整实施情况报送河南省电力公司人力资源部组织处备案。

5.6 非常设机构管理

5.6.1 公司各级非常设机构不设定人员编制。

5.6.2 设立、调整非常设机构的方案中应包括设立、调整的理由和依据,机构设置以及主要职责,组成人员和必要的相关资料。

5.6.3 非常设机构的设立、调整和撤销按以下程序办理:

a)设立、调整公司的非常设机构,由公司有关业务部门提出方案,并向公司领导呈报;

b)公司领导签批通过后,由有关业务部门以公司文件形式发文明确,并报人力资源部门备案；

c)非常设机构工作完成后原则上自行撤销，不再另行行文。

6 检查与考核

6.1 检查与考核内容

6.1.1 执行公司机构编制方案，违反本标准有下列情形之一的，责令限期纠正；情节严重的，纳入公司绩效考核办法进行考核，并对有关部门、责任人员追究相关责任：

a)未按照规定执行机构设置、编制定员和职能配置方案的；

b)擅自改变职能范围的；

c)擅自设立、调整和撤销机构(包括内设机构)以及改变名称的；

d)擅自改变机构和内设机构规格的；

e)擅自超过核定的编制配备人员的；

f)其他违反公司机构编制管理规定的情形。

6.1.2 公司各部门应将本部门机构设置和编制执行情况报公司人力资源部备案。

6.2 主要考核指标

表1列出了组织机构管理的主要考核指标。

表1 组织机构管理的主要考核指标

序号	考核指标	考核标准	负责岗位	所属部门	监督部门
1	机构编制管理规章制度制定情况	是否制定本部门机构编制管理规章制度	劳动组织管理岗位	公司人力资源部、所属各单位人力资源部门	公司人力资源部
2	执行公司机构编制方案情况	内容包括： 1. 是否按照规定执行机构设置、编制定员和职能配置方案； 2. 是否擅自改变职能范围； 3. 是否擅自设立、调整和撤销机构(包括内设机构)以及改变名称； 4. 是否擅自改变机构和内设机构规格； 5. 是否擅自超过核定的编制配备人员； 6. 其他违反公司机构编制管理规定的情形	劳动组织管理岗位	人力资源部门	人力资源部
3	机构设置和编制执行情况报公司备案情况	是否每年年初将本部门机构设置和编制执行情况报公司备案	劳动组织管理岗位	人力资源部门	人力资源部

7 报告与记录

表 2 列出了执行本标准形成的报告与记录。

表 2 组织机构管理报告与记录汇总表

序号	报告和记录编号	报告和记录名称	填写人	保存地点	保存形式	保存期限
1	Q/GDW1714 2060202—2010 - R01	各部门机构设置 调整申请（方案）	各部门主任	人力资源 部门	纸质文本 电子文档	2 年
2	Q/GDW1714 2060202—2010 - R02	人力资源部门关于机构 设置调整申请（方案）	人力资源部门 劳动组织岗位	人力资源 部门	纸质文本 电子文档	2 年
3	Q/GDW1714 2060202—2010 - R03	人力资源部机构设置 调整初步意见（方案）	人力资源部门 劳动组织岗位	人力资源 部门	纸质文本 电子文档	2 年
4	Q/GDW1714 2060202—2010 - R04	人力资源部关于机构 设置调整申请（方案）	人力资源部门 劳动组织岗位	人力资源 部门	纸质文本 电子文档	2 年
5	Q/GDW1714 2060202—2010 - R05	机构设置调整 方案（正式公文）	人力资源部门 劳动组织岗位	档案室	纸质文本 电子文档	永久 保存

附录 A
（规范性附录）
组织机构管理流程

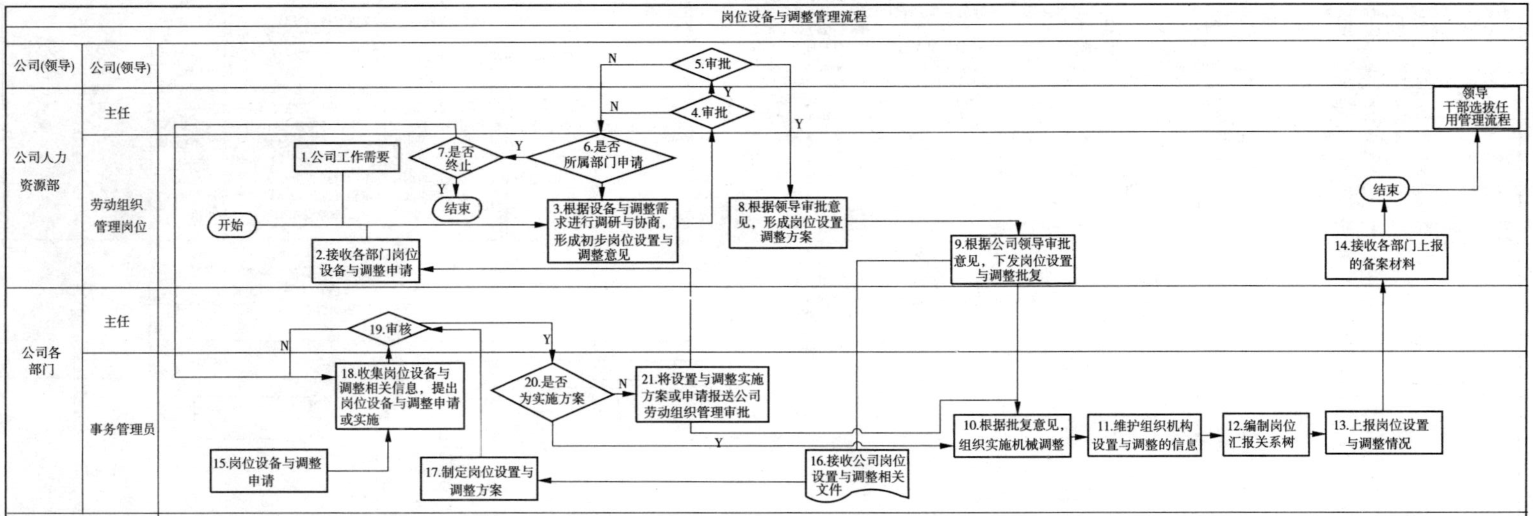

基础资料

1. 各部门机构设置与调整申请(方案)
2. 人力资源部门关于机构设置与调整申请(方案)
3. 人力资源部机构设置与调整初步意见(方案)
4. 人力资源部关于机构设置与调整申请(方案)
5. 机构设置与调整方案(正式公文)

过程描述

组织机构设置与调整管理流程由公司人力资源部归口管理。

节点 1:公司人力资源部劳动组织管理岗位因公司工作需要,提出岗位设置与调整要求。

节点 2:公司人力资源部劳动组织管理岗位接收公司所属各部门提出岗位设置与调整申请。

节点 3:公司人力资源部劳动组织管理岗位根据设置与调整需要进行调研与协商,形成初步岗位设置与调整意见。

节点 4:公司人力资源部主任审批。

节点 5:公司领导审批。

节点 6:公司人力资源部劳动组织管理岗位对于领导未批申请,判断是否是公司所属部门申请,如果是所属部门申请公司劳动组织岗位把审批意见转给所属部门。

节点 7:公司人力资源部劳动组织管理岗位对于领导未批的申请,判断是否终止,如果终止直接结束流程,否则反馈公司所属各部门重新修改申请。

节点 8:公司劳动组织管理岗位根据领导审批的意见,形成岗位设置与调整方案。

节点 9:公司人力资源部劳动组织管理岗位根据公司领导审批意见,向有关部门下发岗位设置与调整批复或文件

节点 10:公司所属各部门事务管理员岗位根据批复意见,组织实施岗位的设置与调整事项。出具正式文件,通知各相关部门负责人。

节点 11:公司所属各部门事务管理员维护岗位机构设置与调整的信息。

节点 12:公司所属各部门事务管理员岗位编制岗位汇报关系树。

节点 13:公司所属各部门事务管理员岗位将本单位岗位设置与调整情况上报公司备案。

节点 14:公司人力资源部门劳动组织管理岗位接收所属各部门上报的备案材料。

节点 15:公司所属各部门事务管理员岗位根据工作需要提出调整需求。

节点 16:公司各部门事务管理员岗位下发岗位设置与调整相关文件。

节点 17:公司所属各部门事务管理员岗位按照下发的文件,制定岗位设置与调整方案。

节点 18:公司所属各部门事务管理员岗位收集岗位设置与调整相关信息,在做好调查研究的基础上,提出岗位设置与调整申请。

节点 19:公司所属各部门主任进行审核,审核合理性和必要性、岗位调整与设置依据,与相关部门负责人协商。

节点 20:公司所属各部门事务管理员岗位判断是否为实施方案。

节点 21:公司所属各部门事务管理员岗位将设置与调整方案或申请报送公司人力资源部劳动组织管理岗位审批。

图 A.1　岗位设置与调整管理流程图

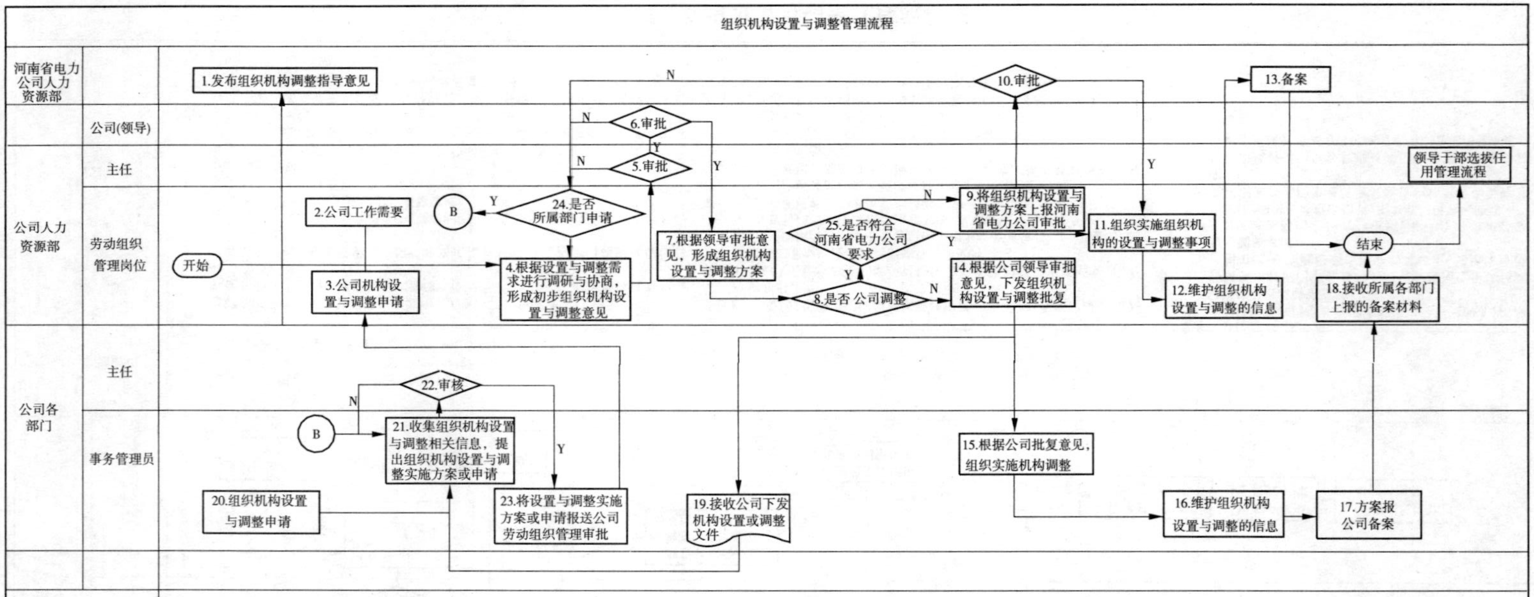

基础资料

1. 各部门机构设置与调整申请(方案)
2. 人力资源部门关于机构设置与调整申请(方案)
3. 人力资源部机构设置与调整初步意见(方案)
4. 人力资源部关于机构设置与调整申请(方案)
5. 机构设置与调整方案(正式公文)

过程描述

组织机构设置与调整管理流由公司人力资源部归口管理。

节点1:河南省电力公司发布组织机构调整指导意见。

节点2:公司人力资源部劳动组织管理岗位根据公司工作需要提出机构设置与调整申请。

节点3:公司各部门提出机构设置与调整申请

节点4:公司人力资源部劳动组织管理岗位根据设置与调整需求和申请进行调研与协商,形成初步组织机构设置与调整意见。

节点5:公司人力资源部主任审批。

节点6:公司领导审批。

节点7:公司人力资源部劳动组织管理岗位根据领导审批的意见,形成机构设置调整方案或批复。

节点8:公司人力资源部劳动组织管理岗位判断是否公司机构设置与调整。

节点9:公司人力资源部劳动组织管理岗位将本部组织机构设置与调整方案上报省公司审批。

节点10:省公司人力资源部审批。

节点11:公司人力资源部劳动组织管理岗位根据批复意见,组织实施组织机构的设置与调整事项。出具正式文件,通知各相关部门负责人。

节点12:公司人力资源部劳动组织管理岗位维护组织机构设置与调整的信息。

节点13:公司人力资源部劳动组织管理岗位将公司本部组织机构设置与调整实施情况报送省公司人力资源部备案。

节点14:公司人力资源部门劳动组织管理岗位根据省公司领导审批意见,下发组织机构设置与调整的文件或批复意见。

节点15:公司各部门事务管理员根据公司下达的批复意见,组织实施组织机构的设置与调整事项,出具正式文件,将机构设置与调整情况通知各相关部门主任。

节点16:公司各部门事务管理员岗位维护组织机构设置与调整的信息。

节点17:公司各部门事务管理员将组织机构设置与调整实施情况报送公司劳动组织管理岗位备案。

节点18:公司劳动组织管理岗位接收各部门上报的备案材料并存档。

节点19:公司各部门事务管理员岗位接收公司下发组织机构设置与调整文件。

节点20:公司各部门事务管理员岗位根据工作需要提出组织机构调整需求。

节点21:公司各部门事务管理员岗位收集组织机构设置与调整相关信息,提出组织机构设置与调整方案或申请。

节点22:公司各部门主任审核。审核合理性和必要性,与相关部门负责人协商,如有必要可组织调研。

节点23:公司各部门事务管理员岗位根据审核意见,将设置与调整实施方案或申请报送公司人力资源部门劳动组织管理审批。

节点24:公司人力资源部劳动组织管理岗位针对公司审批未过的申请,判断是否是公司所属部门的申请,如果是给所属部门回复审批意见。

节点25:公司人力资源部主任对于领导审批形成的本部组织机构设置与调整方案,判断是否符合省公司要求。

图 A.2　组织机构设置与调整管理流程图

附录 B
（规范性附录）
表格样式

表 B.1　部门编制调整审批表

<table>
<tr><td>申请部门</td><td></td><td>申请日期</td><td></td></tr>
<tr><td>申请事项</td><td colspan="3">□增加班组　□撤销班组　□合并班组　□增加岗位
□撤销岗位　□合并岗位　□增加定员　□减少定员</td></tr>
<tr><td colspan="4">申请理由及内容：

部门负责人签字：
（部门公章）：</td></tr>
<tr><td colspan="4">人力资源部意见：

签字：
日期：　　年　　月　　日</td></tr>
<tr><td colspan="4">分管领导审查意见：

签字：
日期：　　年　　月　　日</td></tr>
<tr><td colspan="4">总经理审定意见：

签字：
日期：　　年　　月　　日</td></tr>
<tr><td colspan="4">备注</td></tr>
</table>

注：在□中，打√为选择意向，打×为非选择意向，涂改无效。

本表由人力资源部留存 2 年。

表 B.2　部门职责调整情况表

<table>
<tr><td>部门</td><td></td><td>部门负责人</td><td></td></tr>
<tr><td>编写人</td><td></td><td>编制日期</td><td></td></tr>
<tr><td colspan="4">职责：
1.
2.
3.
4.
5.
6.
7.
8.
9.
10.
…</td></tr>
<tr><td colspan="4">分管领导审查意见：

签字：
日期：　　年　　月　　日</td></tr>
<tr><td colspan="4">总经理审定意见：

签字：
日期：　　年　　月　　日</td></tr>
</table>

注:本表由人力资源部备案,留存 2 年。

劳动纪律管理标准

Q/GDW1714 2060203—2010

前　言

本标准是为了适应开封供电公司改革与发展的需要、提高科学管理水平而制定的。

制定本标准的目的是全面提高干部员工的管理水平，实现干部员工管理科学化、规范化、制度化。

本标准由开封供电公司标准化建设委员会提出并归口。

本标准由开封供电公司标准化建设办公室组织起草编制。

本标准起草人：王玉霞

本标准编审组审核人：杨耀杰

本标准专业审核人：杨耀杰

本标准标准化建设办公室审核人：胡昆岭　郑罡　高鑫　张白　朱峰　高付良　申文琰　周世华

本标准审定人：郭亚

本标准批准人：郑盾

本标准由开封供电公司标准化建设委员会委托发展策划部负责解释。

本标准首次发布。

1　范围

本标准规定了劳动纪律管理的职责、管理内容与方法。

本标准适用于劳动纪律管理工作。

2　规范性引用文件

下列文件对于本文件的应用是必不可少的。凡是注日期的引用文件，仅所注日期的版本适用于本文件。凡是不注日期的引用文件，其最新版本（包括所有的修改单）适用于本文件。

国务院　国发[1982]59 号　《企业职工奖惩条例》（1982 年 4 月 10 日）

国务院　国发[1986]77 号　《国务院关于发布改革劳动制度四个规定的通知》（1986 年 7 月 12 日）

3　职责

人力资源部在分管副总经理的领导下，主管全公司劳动纪律管理工作，部内设置专责人，负责劳动纪律管理的具体工作。

3.1 分管副总经理的职责

3.1.1 执行上级劳动纪律有关政策规定，协调全公司劳动纪律工作关系。

3.1.2 指挥全公司劳动纪律管理工作，听取有关部门汇报，确定加强和改进劳动纪律管理的措施和办法。

3.1.3 检查人力资源部的劳动纪律管理工作，审定劳动纪律考核和处分意见。

3.2 人力资源部的职责

3.2.1 负责全公司劳动纪律的执行、检查、考核和处分工作。

3.2.2 检查各部门的劳动纪律执行情况，发现问题及时解决。

3.2.3 汇总检查情况和考核、处分意见，报分管副总经理审查，建立健全劳动纪律管理有关资料。

3.3 二级单位和职能机构的职责

3.3.1 负责本部门职工劳动纪律的日常检查和考核，并提出考核意见。

3.3.2 汇总本部门劳动纪律的检查、考核情况，报人力资源部。

3.4 班组的职责

3.4.1 在所在部门领导下，做好本班组劳动纪律的日常检查工作，指定专责人进行统计。

3.4.2 向所在部门上报本班组劳动纪律执行情况。

4 管理内容与方法

4.1 劳动纪律

4.1.1 劳动纪律是职工在劳动过程中必须共同遵守的行为准则和规章制度，是组织集体劳动不可缺少的条件，是企业和每个劳动者按时、按质、按量完成生产工作任务的重要保证，各级组织必须加强劳动纪律管理工作，全公司职工必须严格遵守各项规章制度。

4.1.2 各基层考勤单位要认真执行公司职工考勤管理标准的规定，按日考勤，考勤记录齐全、真实。

4.1.3 每周安全日活动，要把加强和改进劳动纪律管理作为一个活动内容，违章违纪是威胁安全生产的直接隐患，必须加以杜绝。

4.2 劳动纪律的内容

4.2.1 组织纪律：职工要服从分配、听从指挥，遵循个人服从组织、下级服从上级的原则，坚守生产工作岗位，爱护公共财产，保守国家和企业机密。

4.2.2 生产技术(工艺)纪律：职工要严格遵守生产技术管理方面的各项规章制度，包括岗位工作标准、安全规程、操作规程、交接班制度、设备检修技术规程等，坚持“安全第一”的电业生产方针，减少和防止事故发生。

4.2.3 工作时间纪律：职工要遵守考勤制度，做到不迟到、不早退、不旷工，有事按规定程序请假，在工作时间内不做与生产工作无关的事情，不妨碍他人工作，充分合理地利用工时，提高劳动生产率和工时利用率。

4.3 违反劳动纪律

违反劳动纪律分为严重违纪和一般违纪。

4.3.1 凡有下列行为之一者为严重违纪：

4.3.1.1 旷工和强行补休。

4.3.1.2 工作时间打架斗殴。

4.3.1.3 工作时间进行未经批准的娱乐活动。

4.3.1.4 在禁烟区内吸烟。

4.3.1.5 酗酒后上岗或工作时间私自喝酒。

4.3.1.6 擅自脱离工作岗位，性质恶劣，情节严重的。

4.3.1.7 在执行岗位工作标准、安全规程、操作规程、检修规程中严重违章的。

4.3.1.8 情节严重的其他违纪行为。

4.3.2 凡有下列行为之一者为一般违纪：

4.3.2.1 迟到、早退。

4.3.2.2 非值宿制度规定在工作时间睡觉。

4.3.2.3 工作时间吃饭、洗澡。

4.3.2.4 工作时间看与工作无关的书报。

4.3.2.5 脱岗、串岗，工作时间内干私活。

4.3.2.6 不属于严重违章违纪的其他违纪行为。

4.4 检查与考核

4.4.1 职工劳动纪律分四级检查、考核。人力资源部负责对全公司各部门的检查与考核，部门负责对各班组的检查与考核，班组负责对个人的考核，分管副总经理检查与考核人力资源部。

4.4.2 检查与考核的办法、内容

4.4.2.1 严格执行考勤管理制度，公开考勤，日考日记，不得积存突击填写。经检查发现，扣发所在部门绩效工资1%；如若再发现，扣发所在部门绩效工资2%，并通报批评。

4.4.2.2 公司员工必须严格执行上下班时间和佩带胸卡上岗规定。若出现迟到、早退、旷工和未佩带胸卡上岗等现象，扣发所在部门绩效工资2%，并通报批评。

4.4.2.3 公司员工在工作时间内不准从事与生产、工作无关的活动，发现一次扣发所在部门绩效工资1%。

4.4.2.4 员工在工作时间和工作地点发生纠纷的，当事人须做出书面检查并扣发当月绩效工资。对寻衅滋事、无理取闹者，给予行政处分，并待岗半年。

4.4.2.5 除因公务活动外，上班前4小时不准喝酒，违者扣发所在部门绩效工资1%；酗酒闹事，扰乱正常生产办公秩序，给予待岗半年处理。

4.4.2.6 公司员工应忠于职守，工作时间坚守工作岗位，脱岗一次扣发所在部门绩效工资1%。

4.4.2.7 根据工作时间和工作现场按规定着装，违者禁止进入工作现场，并扣发所在部门绩效工资1%。

4.4.2.8　工作时间因公外出需经部门领导人或班组长批准后方可离开。上班时间外出办私事者，一经发现，扣发所在部门绩效工资1%。

4.4.2.9　员工请假必须按规定办理请假手续，经批准后生效，否则按缺勤或旷工处理。

4.4.2.10　员工请产假、婚假、病假、事假、丧假（直系供养亲属）、护理假、探亲假、带薪年休假，需先写出申请，经班、站长及部门负责人签字，报人力资源部备案。

4.4.2.11　员工请假半天以内，由班、站长批准；3天以内由本部门领导批准；3天以上由部门领导签署意见，经公司主管领导批准后报人力资源部备案。中层干部请假1天以内须经公司主管领导批准，1天以上须经公司经理或党委书记批准。出市须经公司主管领导批准，出省须经公司经理或党委书记批准。

4.4.2.12　每月5日前各部门考勤员按考勤表及原始记录汇总出勤情况，经部门领导审查签字后，报人力资源部。

4.4.2.13　本规定由人力资源部负责实施检查，公司领导及其指定部门对实施情况进行抽查。对于在考勤、请假等事项中弄虚作假的部门扣发绩效工资1%，并通报批评。

4.4.3　考核兑现

4.4.3.1　部门内部考核由部门负责人决定。

4.4.3.2　公司组织的检查考核由劳动纪律领导小组和相关职能部门提出考核意见，公司绩效管理考评委员会研究确定。

劳动统计管理标准

Q/GDW1714 2060204—2010

前　言

本标准为规范开封供电公司劳动统计管理而制定。

本标准由开封供电公司标准化建设委员会提出并归口。

本标准由开封供电公司标准化建设办公室组织起草编制。

本标准起草人:高冬梅

本标准编审组审核人:杨耀杰

本标准专业审核人:杨耀杰

本标准标准化建设办公室审核人:胡昆岭　郑罡　高鑫　张白　朱峰　高付良　申文琰　周世华

本标准审定人:郭亚

本标准批准人:郑盾

本标准由开封供电公司标准化建设委员会委托公司人力资源部负责解释。

本标准首次发布。

1　范围

本标准规定了开封供电公司劳动统计管理的规范性引用文件、术语和定义、职责和权限,管理内容和方法、检查与考核以及报告与记录等要求。

本标准适用于开封供电公司本部及代管五县局的劳动统计管理。

2　规范性引用文件

下列文件对于本文件的应用是必不可少的。凡是注日期的引用文件,仅注日期的版本适用于本文件。凡是不注日期的引用文件,其最新版本(包括所有的修改单)适用于本文件。

河南省电力公司人力资源部　《劳动统计报表制度》

豫电人资[2009]1183 号　关于印发《河南省电力公司人力资源信息与统计管理暂行办法》的通知

人资[2009]5 号　关于《进一步做好人力资源信息与劳动统计月报工作》的通知

人资[2009]17 号　关于《实施公司人力资源信息管控系统》的通知

人资[2009]28 号　关于《进一步加强员工入口管理和信息统计工作》的通知

3 术语和定义

下列术语和定义适用于本文件。

劳动统计

运用科学的统计方法对劳动经济现象进行调查研究，以认识其本质和规律性活动的总称，它是企业进行劳动管理、研究人工成本和编制劳动计划的基础工作，反映了企业人力资源劳动效率、工资投入、职业培训等状况，为企业发展和决定经营战略提供决策支持的依据。

4 职责与权限

4.1 管理分工

开封供电公司人力资源部是公司本部和代管五县局人力资源信息与劳动统计的专业管理部门，公司本部及代管五县局人力资源部门是本单位人力资源信息与劳动统计的专业管理部门，按照职责分别开展工作。

4.2 人力资源部

4.2.1 贯彻执行国家、地方和河南省电力公司人力资源部颁发的劳动统计管理有关政策、法规、标准、制度。

4.2.2 负责本部人力资源基础信息维护与统计工作。

4.2.3 对公司人力资源状况进行统计分析、预测。

4.2.4 负责本部及代管五县局劳动统计报表的编制、审核、汇总上报和分析工作。

4.2.5 负责完成地方政府部门布置的相关统计调查任务。

4.2.6 协调配合其他专业统计工作。

5 管理内容与方法

5.1 本标准依据的流程

劳动统计管理流程见附录A。

5.2 总体要求

5.2.1 人力资源信息与统计工作是人力资源管理的重要职能，主要任务是建立和完善人力资源基础信息体系，开展科学有效的统计调查和分析研究，为公司人力资源管理工作提供决策支持。

5.2.2 公司人力资源信息与统计工作应遵循“统一管理、分级负责，统一标准、规范流程，科学严谨、实事求是，分工协作、运转高效”的基本原则。

5.3 劳动统计工作开展

5.3.1 公司本部及代管五县局应按照河南省电力公司本年度《人力资源信息管理与劳动统计年报布置会资料》规定严格执行，加强人力资源信息管控系统建设和应用，开展人力资源信息化建设工作，提高信息与统计工作水平。

5.3.2　人力资源信息管理涉及人力资源管理各方面，需要人力资源各专业分工合作、协同配合，应明确内部职责分工，落实各个子集信息维护专责人，建立信息维护更新机制，实现人力资源信息分工维护、有效共享、动态更新。

5.3.3　公司本部及代管五县局人力资源各专业管理岗位应通过管控系统建立和完善人力资源基础信息库，如实记录本单位的人力资源基本情况，实现人力资源信息的集中统一管理。

5.3.4　公司本部及代管五县局应重视人力资源基础信息库的数据质量，按照职责分工，做好信息的审核工作，确保数据准确、全面、及时。

5.3.5　通过ERP人资模块与管控系统的接口，汇集人力资源各专业业务数据，全面反映业务运作层面的真实信息，确保信息数据可信、可靠、可用。

5.3.6　公司本部及代管五县局应准确理解劳动统计报表制度，人力资源部门计划统计管理岗位具体组织、协调本单位劳动统计工作，每年按照《人力资源信息管理与劳动统计年报布置会资料》要求，依据人力资源信息管控系统和ERP系统各专业基础信息库，编报本单位劳动统计年报，并开展下年度定期报表编制工作；人力资源部门各相关管理岗位应按要求收集、整理、提供各项统计资料，配合完成本单位统计报表的编制工作。

5.3.7　公司本部及代管五县局对统计指标有异常变动或是统计口径发生变化的应附加文字说明；报表报出后，如发现差错，应在规定期限内书面申请更正，但须附加书面说明；对上级单位审核未通过的报表应进行及时修改，并附加书面说明。

5.3.8　公司本部及代管五县局人力资源部门计划统计岗位应在《人力资源信息管理与劳动统计年报布置会资料》明确规定的上报期内及时上报统计报表。报表报出前，应对数据是否准确、填报是否完整等内容进行认真审核，并由人力资源部门各相关专业管理专责、主任、单位分管领导逐级审核把关，加盖单位公章，确保劳动统计报表不缺项、不漏项，保证统计口径的一致性、统计数据的完整性、统计指标的准确性、上报材料的及时性。

5.3.9　公司本部及代管五县局对外提供的劳动统计资料应经部门负责人或统计负责人审核后方可报出。

5.3.10　公司本部及代管五县局应及时对人力资源报表和数据开展分析，根据河南省电力公司年度《人力资源信息管理与劳动统计年报布置会资料》要求，按时编写并报送人力资源综合分析报告。分析报告主要内容包括：人力资源各业务模块情况、人力资源信息管控系统运用情况、人力资源管理存在的问题、下一步工作计划及对策、对公司人力资源管理工作的建议等，为人力资源管理各项工作提供决策支持。

5.3.11　人力资源部门计划统计岗位每月、每年应编制劳动统计分析报告，经主任审核、分管领导审批后报河南省电力公司人力资源部。

5.3.12　人力资源部门应加强劳动统计人员职业道德教育，积极推广应用最新统计技术，使数据分析科学、合理，提高报表质量，树立“忠诚统计、不出假数、依法统计、服务社会”的职业道德规范，培养一支坚持原则、精通业务、作风扎实的劳动统计队伍。

5.4　信息安全与统计资料归档

5.4.1　人力资源部应按照《开封供电公司网络与信息安全管理标准》及公司信息安全的有关要求，做好人力资源信息和统计数据的安全保障工作。加强用户登录口令管理，做好权限分配、数据加密等工作，确保人力资源信息和统计数据的安全。

5.4.2　人力资源部应严格按照《开封供电公司保密管理标准》的有关规定，做好人力资源信息与统计数据的保密工作。涉密数据和敏感信息的保存和对外提供必须符合公司的有关规定。

5.4.3　人力资源部要按照《开封供电公司档案管理标准》及有关规定做好统计报表的立卷、归档、交接和保管工作，确保统计报表资料的统一性、完整性和连续性。

5.4.4　劳动统计档案包括劳动统计年定报、统计调查分析、统计文件等按规定要保存的资料。

5.4.5　定期统计报表由人力资源部门保管，保存期5年。

5.4.6　年度统计报表应由人力资源部门送交各级文书档案保管，永久保存。

5.4.7　人力资源部门应重视电子档案的保管，并注意日常维护工作。

5.4.8　人力资源部门应建立劳动统计资料交接和管理制度。如遇机构变动、人员调整等情况，对所保管的资料要办理交接手续，防止丢失和损毁，确保统计档案资料连续完整。

5.5　劳动统计工作检查与评价

5.5.1　公司本部及代管五县局作为一个整体参与考核。

5.5.2　考核采取日常考核和年终考核相结合的方式进行，考核结果实行百分制，日常考核和年终考核各占50%。

5.5.3　每年年底，公司本部及代管五县局人力资源部门根据河南省电力公司人力资源部要求，开展自查自评工作，编写人力资源信息与统计工作报告，与劳动统计年报一同报送。

6　检查与考核

6.1　检查与考核内容

对公司人力资源劳动统计工作检查与考核按照河南省电力公司人力资源部的相关规定内容进行。

6.2　主要考核指标

表1列出了劳动统计管理的主要考核指标。

表1　劳动统计管理的主要考核指标

序号	考核指标	考核标准	负责岗位	所属部门	监督部门
1	基础数据完善情况	见《河南省电力公司劳动统计报表制度》（2009年年报和2010年定报）	劳动组织岗位、劳动统计岗位	人力资源部及代管五县局	人力资源部
2	统计报表准确	见《河南省电力公司劳动统计报表制度》（2009年年报和2010年定报）	劳动组织岗位、劳动统计岗位	人力资源部及代管五县局	人力资源部

续表 1

序号	考核指标	考核标准	负责岗位	所属部门	监督部门
3	报送及时性	见《河南省电力公司劳动统计报表制度》(2009 年年报和 2010 年定报)	劳动组织岗位、劳动统计岗位	人力资源部及代管五县局	人力资源部
4	工作完成情况	见《河南省电力公司劳动统计报表制度》(2009 年年报和 2010 年定报)	劳动组织岗位、劳动统计岗位	人力资源部及代管五县局人力资源部门	人力资源部

7 报告与记录

表 2 给出了执行本标准形成的报告和记录。

表 2 劳动统计管理报告与记录

序号	编号	名称	填写人	保存地点	保存形式	保存期限
1	Q/GDW1714 2060204—2010 – R01	《河南省电力公司劳动统计报表制度》(2009 年年报和 2010 年定报)	人力资源部及代管五县局统计专责	人力资源部、代管五县局人力资源部门	纸质文本 电子文档	长期
2	Q/GDW1714 2060204—2010 – R02	定期劳动统计报表	人力资源部及代管五县局统计专责	人力资源部、代管五县局人力资源部门	纸质文本 电子文档	5 年
3	Q/GDW1714 2060204—2010 – R03	年度劳动统计报表	人力资源部及代管五县局统计专责	人力资源部、档案馆代管五县局人力资源部门、档案室	纸质文本 电子文档	永久
4	Q/GDW1714 2060204—2010 – R04	劳动统计分析报告	人力资源部及代管五县局统计专责	人力资源部、代管五县局人力资源部门	纸质文本 电子文档	永久

附录 A

（规范性附录）

劳动统计管理流程

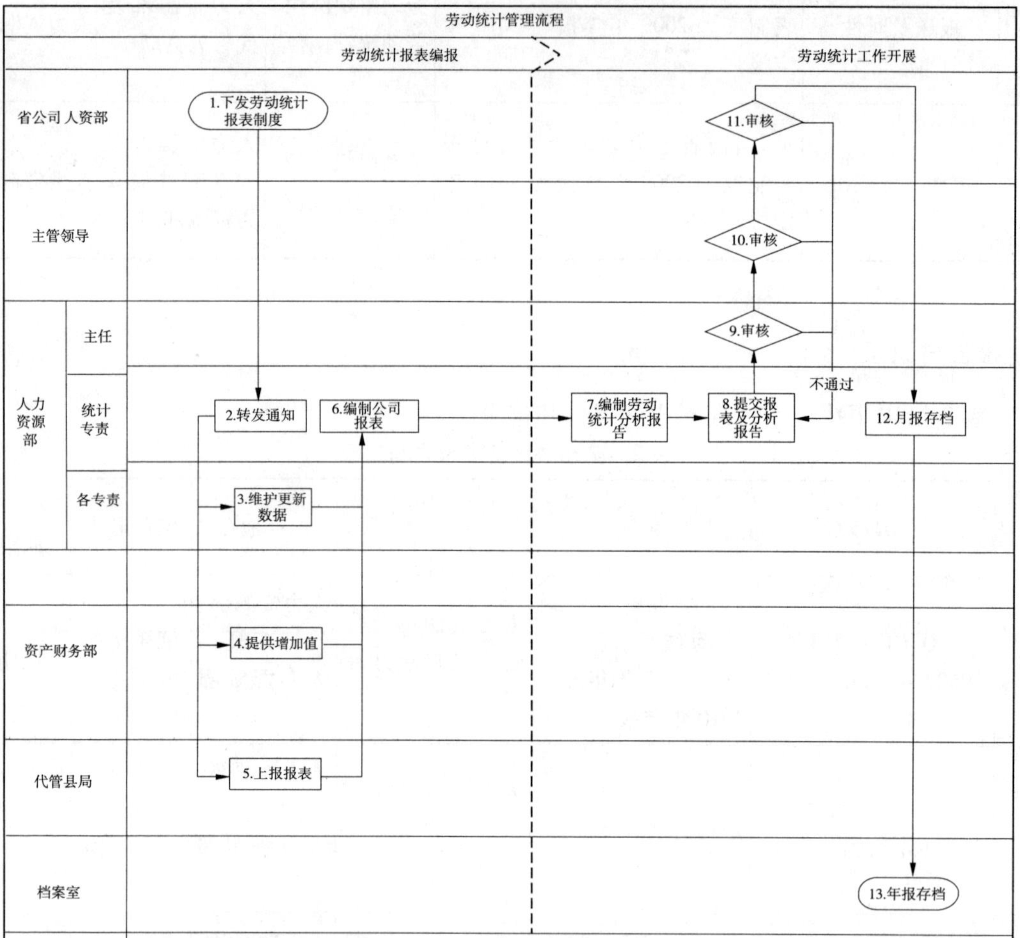

基础资料	1. 河南省电力公司劳动统计报表制度（2009 年年报和 2010 年定报） 2. 劳动统计报表 3. 劳动统计分析报告
过程描述	开封供电公司统计管理由公司人力资源部归口管理。 节点 1：每年年底，省公司人力资源部组织处编制下发河南省电力公司《年度人力资源信息管理与劳动统计年报布置会资料》。 节点 2：人力资源部转发省公司文件到各专责、财务部门及代管县局。 节点 3：人力资源部各专责维护管控系统数据。 节点 4：财务部门提供增加值。 节点 5：代管县局根据年度和定期报表制度，编制并上报本单位的年度及月度劳动统计报表。 节点 6：人力资源部编制公司本部年度和月度劳动统计报表。 节点 7：人力资源部根据年度及月度报表，编制统计分析报告。 节点 8：人力资源部统计专责提交的劳动统计报表及劳动统计分析报告。 节点 9：人力资源部主任对提交的报表及统计分析报告进行审核。 节点 10：主管领导对劳动统计报表及统计分析报告进行审核。 节点 11：审核完毕的报表及统计分析报告，提交省公司人力资源部审核。 节点 12：月报存在人力资源部档案室。 节点 13：年报存放公司档案室。

图 A.1　劳动统计管理流程图

薪酬管理标准

Q/GDW1714 2060205—2010

前　言

本标准为规范开封供电公司薪酬管理而制定。

本标准按照 GB/T 1.1—2009 给出的规则起草。

本标准由开封供电公司标准化建设委员会提出并归口。

本标准由开封供电公司标准化建设办公室组织起草编制。

本标准起草人:闫凤琴

本标准编审组审核人:杨耀杰

本标准专业审核人:杨耀杰

本标准标准化建设办公室审核人:胡昆岭　郑罡　高鑫　张白　朱峰　高付良　申文琰　周世华

本标准审定人:郭亚

本标准批准人:郑盾

本标准由开封供电公司标准化建设委员会委托公司人力资源部负责解释。

本标准首次发布。

1　范围

本标准规定了开封供电公司薪酬管理的规范性引用文件、术语和定义、职责与权限、管理内容与方法以及检查与考核、报告与记录等要求。

本标准适用于开封供电公司薪酬管理。

2　规范性引用文件

下列文件对于本文件的应用是必不可少的。凡是注日期的引用文件,仅注日期的版本适用于本文件。凡是不注日期的引用文件,其最新版本(包括所有的修改单)适用于本文件。

豫电人资[2007]696 号 《关于调整夜班等津贴标准的通知》

豫电人资[2008]1204 号 《河南省电力公司企业负责人专项考核奖励暂行办法》

豫电人资[2009]685 号 《河南省电力公司表彰奖励工作管理办法》

豫电人资[2009]714 号 《河南省电力公司劳动用工管理暂行办法》

豫电人资[2009]1077 号 《河南省电力公司企业负责人年度业绩考核管理暂行办法》

3 职责与权限

3.1 管理分工

开封供电公司薪酬管理工作实行统一领导、统一制度、分级管理、分级负责。公司人力资源部是薪酬管理工作的归口管理部门，公司财务资产部根据分管业务是薪酬管理工作的协助管理部门。

3.2 公司领导

3.2.1 审批公司工资计划。

3.2.2 审批公司工资、奖金报表。

3.2.3 审批公司薪酬分配改革方案。

3.3 人力资源部

3.3.1 贯彻执行国家、河南省和国家电网公司有关薪酬管理工作的方针、政策及规定，制定公司薪酬管理的规定、办法。

3.3.2 执行省公司下达的工资计划。

3.3.3 按照省公司文件精神负责企业负责人年度薪金兑现。

3.3.4 制定公司薪酬分配改革方案并组织实施。

3.3.5 负责对公司工资内外收入检查工作。

3.3.6 负责津补贴的建立和调整。

3.4 财务资产部

3.4.1 根据财务口径对工资计划进行审核。

3.4.2 根据财务制度对薪酬改革文件进行审核。

4 管理内容与方法

4.1 工资总额管理

4.1.1 按照省公司下达工资计划编制本单位工资规划。

4.1.2 人力资源部根据公司发展的需要和省公司下达的工资计划，按照豫电人资[2009]714号《河南省电力公司劳动用工管理暂行办法》规定，加强工资总量宏观调控，合理控制人工成本水平，不断提高企业经济效益和人员效率。

4.2 工资信息维护及核算

4.2.1 每月月底之前，人力资源部结合当月人员变动情况，对工资变动数据进行维护。

4.2.2 每月月初，人力资源部通过工资统计，形成工资数据库。

4.3 奖金发放流程

4.3.1 人力资源部依据发展策划部在公司网站上公示的《月度绩效评价结果》，确定本月奖金发放标准，测算奖金数额，通知各部门进行二次分配。

4.3.2 二次分配后的奖金明细表通过发展策划部审核，人力资源部汇总后报公司领导审批，财务资产部扣除个税后，将奖金打入员工个人账户。

4.3.3 奖金发放流程

a)发展策划部:公示《评价结果》;

b)人力资源部:测算奖金数额;

c)各部门及二级机构:二次分配;

d)发展策划部:审核;

e)人力资源部:汇总;

f)公司领导:审批;

g)财务资产部:扣个税、打卡。

监督管理篇

纪检管理部分

党风廉政建设管理标准

Q/GDW1714 2130101—2010

前　言

本标准为规范开封供电公司党风廉政建设管理而制定。

本标准按照 GB/T 1.1—2009 给出的规则起草。

本标准由开封供电公司标准化建设委员会提出并归口。

本标准由开封供电公司标准化建设办公室组织起草编制。

本标准起草人:班明献

本标准标准化建设办公室编审组审核人:于年全　昝玉昌

本标准专业审核人:于年全　昝玉昌

本标准标准化建设办公室审核人:胡昆岭　郑罡　高鑫　张白　朱峰　高付良　申文琰　周世华

本标准审定人:刘卫国

本标准批准人:李春林

本标准由开封供电公司标准化建设委员会委托公司监察部(纪委办公室)负责解释。

本标准首次发布。

1　范围

本标准规定了开封供电公司党风廉政建设管理的规范性引用文件、术语和定义、职责与权限、管理内容与方法以及检查与考核、报告与记录等要求。

本标准适用于开封供电公司党风廉政建设工作的管理。

2　规范性引用文件

下列文件对于本文件的应用是必不可少的。凡是注日期的引用文件,仅注日期的版本适用于本文件。凡是不注日期的引用文件,其最新版本(包括所有的修改单)适用于本文件。

《中国共产党章程》

国家电网党[2003]14 号　《领导干部三项谈话制度实施办法》

国家电网党[2004]8 号　《国家电网公司系统党风廉政建设责任制考核办法》

国家电网党[2004]15 号　《国家电网公司系统领导人员廉政档案管理办法(试行)等四项制度》

国家电网党[2008]9 号　《国家电网公司纪检监察信访举报处理办法》

开封供电公司　《党风廉政建设责任追究办法》

开封供电公司 《干部职工在国内外交往中收受礼品实行登记制度的规定》

开封供电公司 《领导班子党风廉政建设责任分工》

3 术语和定义

下列术语和定义适用于本文件。

3.1 党风廉政建设

按照《中国共产党章程》的要求,用无产阶级的世界观和方法论在党组织和党员中,培育良好作风和纠正不正之风的实践活动。党风廉政建设的基本内容包括两个方面:一是继承和发扬党的优良传统和作风;二是反对和纠正党内的不正之风。

3.2 党风廉政建设责任制

各级党委(党组)、政府(行政)及其职能部门的领导班子、领导干部在党风廉政建设中应当承担责任的制度。党风廉政建设责任制的责任主体为各级党政领导班子及其成员。各级党政领导班子中的正职为本地区、本部门、本单位党风廉政建设第一责任人。

3.3 三重一大

企业管理活动中,对重大事项决策、重要干部任免、重大项目安排、大额度资金使用等决策事项。

3.4 三项谈话

纪委负责人与下级党政主要负责人谈话,领导干部任前廉政谈话,领导干部诫勉谈话。

3.5 三会一课

党员大会、支部委员会、党小组会、党课。

3.6 嫌疑腐败

开封供电公司本部和所属单位、代管企业的集体和个人,在企业重大问题决策、人事、资金、物资、合同、工程等管理活动中,违反有关纪律、决策程序、工作程序和制度、规定等,可能造成腐败问题的行为。

3.7 三不指定

对客户受电工程的设计、设备订货、工程施工不得指定设计单位、施工单位和设备材料供应单位。

3.8 “三公”调度

电网调度工作中,按照要求实行的“公开、公平、公正”调度。

4 职责与权限

4.1 管理分工

党风廉政建设实行“坚持党委统一领导,党政齐抓共管,纪委组织协调,部门各负其责,依靠群众的支持和参与”的领导体制和工作机制。开封供电公司监察部(纪委办公室)是公司党风廉政建设的归口管理部门,负责管理公司党风廉政建设责任制的建立、督导落实、检查和考核工作,履行监督、教育、惩处、保护四项职能。

4.2 公司党委、行政领导班子

按照《开封供电公司领导班子党风廉政建设责任分工》,对职责范围内的党风廉政建设负全面领导责任。党委书记、总经理对职责范围内的党风廉政建设负总责;领导班子其他成员根据工作分工,对职责范围内的党风廉政建设负主要领导责任。

4.3 监察部(纪委办公室)

4.3.1 在公司党委统一领导下,抓好党风廉政建设工作的组织实施。

4.3.2 对政治纪律执行情况进行监督检查。

4.3.3 结合本企业的实际情况,制定党风党纪、廉政建设等方面的制度和规定,并监督实施。

4.3.4 对党风廉政建设责任制落实情况进行监督、检查,提出考核意见。

4.3.5 对同级和下级党组织及其成员、党员领导干部进行教育、监督。

4.3.6 负责信访案件的受理和查处,对违纪组织和党员作出党纪处分决定。

4.3.7 受理党员的控告和申诉,保障党员权利。

4.3.8 对干部选拔任用情况进行监督。

4.3.9 建立健全招投标监督体系,对招投标工作进行监督。

4.3.10 组织开展效能监察工作。

4.3.11 执行领导干部"三项谈话"和函询制度。

4.3.12 组织领导干部个人重大事项报告工作。

4.3.13 建立党风廉政建设信息网络和监督网络。

4.3.14 督促党委按时召开党员领导干部民主生活会,广泛征求群众意见或建议。对基层党组织民主生活会进行指导、监督。

4.3.15 查处违反行风建设规定的人和事。

4.3.16 参与重大安全事故的调查处理。

4.4 办公室

4.4.1 完善"三重一大"决策制度,重大问题决策实行票决制和程序记录。

4.4.2 实行重大决策报送备案制度。

4.4.3 对省公司、公司党风廉政建设重大决策部署落实情况进行监督检查。

4.4.4 负责领导班子党风廉政建设分析会的记录和整理报送工作。

4.4.5 负责公务出国(境)管理。

4.4.6 规范公务用车管理和公务接待。

4.5 人力资源部

4.5.1 落实关于干部选拔任用的有关规定。

4.5.2 执行领导干部述职述廉制度。

4.5.3 推行领导干部问责制。

4.5.4 加强干部作风建设。

4.5.5 把反腐倡廉教育列入干部教育培训规划。

4.5.6 落实领导干部配偶和子女从业、投资入股、到国(境)外定居等规定和有关事项报告登记制度。

4.6 思想政治工作部

4.6.1 落实领导干部理论学习制度。

4.6.2 组织党员干部进行政治思想教育。

4.6.3 负责领导班子"三会一课"学习内容的记录和整理报送工作。

4.6.4 负责公司党员领导干部民主生活会的报告与记录。

4.7 本部相关职能部门

工会、财务资产部、审计部、办公室(法律)、生产技术部、营销部、基建部、物流分中心(招投标管理中心)、调度通信中心、农电工作部、安全监察部和光利实业总公司按照职责分工落实党风廉政建设责任制专业管理,并配合监察部(纪委办公室)做好党风廉政建设监督工作。

4.8 公司所属单位党支部(党委)、行政领导班子

公司所属单位党支部(党委)、行政领导班子对职责范围内的党风廉政建设负全面领导责任。各单位党政正职,各职能部门的正职对职责范围内的党风廉政建设负总责;各单位领导班子其他成员,各职能部门的副职,根据工作分工,对职责范围内的党风廉政建设负主要领导责任。

4.9 公司所属县局(公司)监察部(纪委办公室)

4.9.1 在本单位党委的统一领导下,抓好本单位党风廉政建设工作的组织实施。

4.9.2 对党风廉政建设责任制落实情况进行监督、检查,提出考核意见。

4.9.3 对党员领导干部进行教育、监督。

4.9.4 负责信访案件的受理和查处,对违纪组织、员工作出处理。

4.9.5 受理党员的控告和申诉,保障党员权利。

4.9.6 对干部选拔任用情况进行监督。

4.9.7 建立健全招投标监督体系,对招投标工作进行监督。

4.9.8 组织开展效能监察工作。

4.9.9 执行领导干部"三项谈话"和函询制度。

4.9.10 组织领导干部个人重大事项报告工作。

4.9.11 督促党委按时召开党员领导干部民主生活会,广泛征求群众意见或建议。对基层各党组织民主生活会进行指导、监督。

4.9.12 查处违反行风建设规定的人和事。

4.9.13 参与重大安全事故的调查处理。

4.10 公司所属县局(公司)办公室

4.10.1 完善"三重一大"决策制度,重大问题决策实行票决制和程序记录。

4.10.2 对公司和本单位党风廉政建设重大决策部署落实情况进行监督检查。

4.10.3　规范公务接待。

4.11　公司所属县局(公司)人事部

4.11.1　落实关于干部选拔任用的有关规定。

4.11.2　执行领导干部述职述廉制度。

4.11.3　推行领导干部问责制。

4.11.4　加强干部作风建设。

4.11.5　把反腐倡廉教育列入干部教育培训规划。

4.12　公司所属县局(公司)思想政治工作部

4.12.1　落实领导干部理论学习制度。

4.12.2　组织党员干部进行政治思想教育。

4.12.3　负责党员领导干部民主生活会的报告与记录。

4.13　公司所属单位相关职能部门(党支部)

公司所属单位相关职能部门及基层党支部,按照职责和党委制定的党风廉政建设责任分工,组织实施职责范围内的党风廉政建设各项工作。

5　管理内容与方法

5.1　本标准依据的流程

党风廉政建设责任制管理流程见附录 A。

5.2　党风廉政建设责任制考核细则制定

每年 1 月底前,根据上级关于党风廉政建设的工作部署,按照《省公司党风廉政建设责任制考核办法》和公司党委的具体要求,公司监察部制定《开封供电公司党风廉政建设责任制考核评价细则》,并颁发实施。

5.3　党风廉政建设责任制实施

5.3.1　完善领导体制和工作机制

5.3.1.1　公司各级党委应切实担负起全面领导反腐倡廉建设的政治责任,把反腐倡廉工作放在突出位置,作出总体规划,从组织、人员、经费等方面给予支持和保障,研究解决实际问题:

a)成立并及时调整党风廉政建设责任制及惩防腐败体系工作领导小组,明确责任分工;

b)公司和所属单位党委每年至少召开 2 次会议,专题研究反腐倡廉工作;

c)党委反腐倡廉专题会,应按照领导班子成员分工,认真分析存在问题及产生的原因,查找管理漏洞,研究整改措施,建立惩防腐败体系,认真贯彻落实;

d)按照上级反腐倡廉规定,在经费上给予保证,确保反腐倡廉工作有序开展;

e)在反腐倡廉工作中,按照《开封供电公司党风廉政建设责任追究办法》,实行领导干部责任追究制度。

5.3.1.2　公司和所属单位应将反腐倡廉建设纳入企业改革发展和生产经营总体目标,反腐倡廉工作与其他工作同研究、同部署、同落实、同检查、同考核，具体措施如下：

a）公司全面履行"一岗双责"制，落实领导反腐倡廉责任；

b）每年2月，公司党委和所属单位党委签订"四项责任书"（开封供电公司党风廉政建设责任书）（见附录B表B.1）；

c）每年领导班子成员对分管范围的领导干部，至少进行一次廉政谈话，并做好记录。

5.3.1.3 纪委应从下列方面发挥组织协调作用：

a）公司和所属单位纪委每季度召开一次反腐倡廉建设联席会，每季度召开一次监督信息通报会；

b）公司和所属单位纪委应加强对下级反腐倡廉建设工作的督促、检查和指导。

5.3.2 建立反腐倡廉"大宣教"工作格局

5.3.2.1 每年1月底之前，公司和所属单位纪委制定反腐倡廉年度教育计划，根据上级部署和单位实际，认真组织实施。

5.3.2.2 公司系统应加强廉洁文化建设，教育广大党员干部践行"一要干事、二要干净"的廉洁理念。

5.3.2.3 公司系统各级党委要坚持理论中心组学习制度，认真落实反腐倡廉教育内容。

5.3.2.4 公司和所属单位主要领导应亲自讲反腐倡廉教育党课，党政干部各类培训班应安排10%的时间，进行反腐倡廉教育。

5.3.2.5 公司系统加强纪检监察SG186系统建设，有效开展反腐倡廉网上宣传工作，开展多种形式的教育活动。

5.3.3 领导干部廉洁自律

5.3.3.1 公司系统各级领导干部应贯彻执行上级各项决策部署，做到令行禁止，政令畅通。严格遵守政治纪律、组织人事纪律、经济工作纪律、群众工作纪律。

5.3.3.2 公司和所属单位党委坚持民主集中制原则，严格执行"三重一大"决策制度和决策程序，实行纪委书记报告制度。

5.3.3.3 公司和所属单位领导干部应贯彻执行中央纪委关于国有企业领导人员廉洁自律的各项规定，认真落实领导干部个人重大事项报告、收入申报、礼品登记及三项谈话制度，具体事项包括：

a）干部职工在国内外交往中收受的礼品价值在200元以上的，1个月以内（在外地接受礼品的，自回单位之日起）填写《礼品登记表》（见附录B表B.2），交监察部（纪委办公室）。

b）监察部（纪委办公室）受理登记后，按照《开封供电公司干部职工在国内外交往中收受礼品实行登记制度的规定》进行处理。

c）各级领导干部分别于每年7月和次年1月填写《领导干部个人收入情况登记表》（见附录B表B.3）交人力资源部（人事部）。

d）领导干部发生需报告事项时，由报告人在事后1个月内填写《领导干部个人重大事项呈报件》（见附录B表B.4）一式三份，上报监察部（纪委办公室）和人事部各一份，自存备查一份。

e）公司监察部（纪委办公室）、人力资源部接到下属单位的呈报件后，认真审核报告人所报告内容的真实性，并向有关部门通报情况。对需要答复的请示，监察部（纪委办公室）或人力资源部认真研究后，应一周内给予答复。

f)《领导干部个人重大事项呈报件》交监察部（纪委办公室）存入领导干部廉政档案。

5.3.3.4 公司和所属单位监察部（纪委办公室）应按照国家电网党[2004]15号《国家电网公司系统领导人员廉政档案管理办法（试行）等四项制度》要求，建立领导干部廉政档案（见附录B表B.5）：

a）每年12月，公司所属单位监察部（纪委办公室）负责组织中层及以上领导干部填写廉政档案，整理归档，并报开封供电公司监察部（纪委办公室）；

b）每年12月，公司监察部（纪委办公室）负责组织公司系统处级干部填写廉政档案，并整理归档。

5.3.4 权力运行监督制约

5.3.4.1 公司和所属单位各级党组织每年至少召开一次民主生活会，认真开展批评与自我批评，公司和所属单位办公室（党委秘书）填报党员领导干部民主生活会报告单，作好民主生活会记录，会后整理建档留存；写出情况报告，经党委主要负责人签字后上报上一级党组织。

5.3.4.2 公司和所属单位监察部（纪委办公室）应落实反"嫌疑腐败"工作，严格规章制度，完善内控机制。

5.3.4.3 按照开封供电公司招投标管理有关规定和要求，公司和所属单位建立完善招标工作监督机制，工作落实，监督到位。

5.3.4.4 公司和所属单位监察部（纪委办公室）按上级要求开展效能监察工作，程序规范，成效明显。

5.3.4.5 公司和所属单位完善以职工代表大会和厂务公开为主要内容的民主监督机制。

5.3.4.6 公司和所属单位财务部执行财务管理法律法规，杜绝"小金库"、账外账等违规违纪行为，落实惩防腐败体系建设专项经费的拨付工作。

5.3.4.7 公司经济法规部和所属各单位法律事务管理部门在有关制度建设中落实反腐倡廉建设要求。

5.3.4.8 公司和所属各单位营销部对社会重大活动的各项保电措施情况进行监督检查，开展优质服务主题活动，落实优质服务各项规定。

5.3.4.9 公司和所属各单位审计部对领导干部实行经济责任审计工作。

5.3.4.10 公司和所属各单位生产技术部加强电网维修、技改工程资金管理，接受监察部（纪委办公室）监督。

5.3.4.11 公司和所属各单位基建部加强工程建设资金管理，接受监察部（纪委办公室）监督。

5.3.4.12 电力调度通信中心实行"三公"调度管理。

5.3.5 信访举报和案件管理

按照国家电网党[2008]9号《国家电网公司纪检监察信访举报处理办法》规定，受理来信来访，填写《群众举报及核实情况登记表》（见附录B表B.6），严格按照规定程序和要求查办案件，发现违法违纪案件3天内上报，重大案件24小时内上报。

5.3.6 行风建设

5.3.6.1 公司系统严格执行投诉举报制度，按规定处罚违反规定的人和事。

5.3.6.2 公司和所属单位监察部（纪委办公室）坚持明查暗访制度，深入一线、深入基层，走访客户，对检查情况应及时通报，并督促有关单位认真整改。

5.3.6.3 公司监察部参与当地行风热线节目，及时处理群众反映的热点问题。

5.3.6.4 公司所属供电公司每年要做好行风迎评工作，在当地行风评比中进入先进行列。

5.4 总结、资料归档

5.4.1 公司和所属单位监察部（纪委办公室）按要求上报党风廉政建设目标完成情况月报表和季度分析报告。

5.4.2 每年12月31日前，公司和所属单位监察部（纪委办公室）完成年度党风廉政建设工作总结上报，并做好资料归档。

6 检查与考核

6.1 检查与考核内容

6.1.1 每年11月，公司和所属单位监察部（纪委办公室）按照《开封供电公司党风廉政建设责任制考核评价细则》规定，对下属单位党风廉政建设责任制执行情况进行一次全面检查、考核与评估。

6.1.2 在党风廉政建设责任制检查中，发现违反党风廉政建设问题的，监察部（纪委办公室）提出考核意见，并报党风廉政建设责任制及惩防腐败体系工作领导小组审批。

6.2 主要考核指标

表1列出了党风廉政建设管理的主要考核指标。

表1 党风廉政建设管理的主要考核指标

序号	考核指标	考核标准	负责岗位	所属部门	监督部门
1	本单位领导班子成员违法违纪案件	不发生	纪检专责	监察部（纪委办公室）	纪委办公室
2	党员干部严重违反《关于中央企业领导人员廉洁自律若干规定的实施办法（试行）》的问题	不发生	纪检专责	监察部（纪委办公室）	纪委办公室
3	职工经济违法犯罪和严重违纪人数	少于本单位总人数的1.5‰	纪检专责	监察部（纪委办公室）	纪委办公室

7 报告与记录

表2给出了执行本标准形成的报告和记录。

表2 党风廉政建设报告与记录

序号	编号	名称	填写人	保存形式	保存地点	保存期限
1	Q/GDW1714 2130101—2010－R01	党风廉政建设责任制考核评价细则	纪检专责人	电子文档	监察部（纪委办公室）	2年
2	Q/GDW1714 2130101—2010－R02	领导干部廉政档案	纪检专责人	电子文档	监察部（纪委办公室）	长期
3	Q/GDW1714 2130101—2010－R03	领导干部廉政谈话记录	纪检专责人	电子文档	监察部（纪委办公室）	长期
4	Q/GDW1714 2130101—2010－R04	领导干部民主生活会报告单	党委秘书	电子文档	办公室	长期
5	Q/GDW1714 2130101—2010－R05	群众举报及核实情况登记表	纪检专责人	电子文档	监察部（纪委办公室）	长期
6	Q/GDW1714 2130101—2010－R06	礼品登记表	纪检专责人	纸质文本	监察部（纪委办公室）	长期
7	Q/GDW1714 2130101—2010－R07	领导干部收入申报表	领导干部本人	纸质文本	人力资源部	长期
8	Q/GDW1714 2130101—2010－R08	领导干部个人重大事项呈报件	领导干部本人	纸质文本	人力资源部	长期
9	Q/GDW1714 2130101—2010－R09	党风廉政建设目标完成情况月报表	纪检专责人	电子文档	监察部（纪委办公室）	2年
10	Q/GDW1714 2130101—2010－R010	党风廉政建设季度分析报告	纪检专责人	电子文档	监察部（纪委办公室）	2年
11	Q/GDW1714 2130101—2010－R011	年度党风廉政建设工作总结	纪检专责人	电子文档	监察部（纪委办公室）	2年

附录 A
（规范性附录）
党风廉政建设责任制管理流程

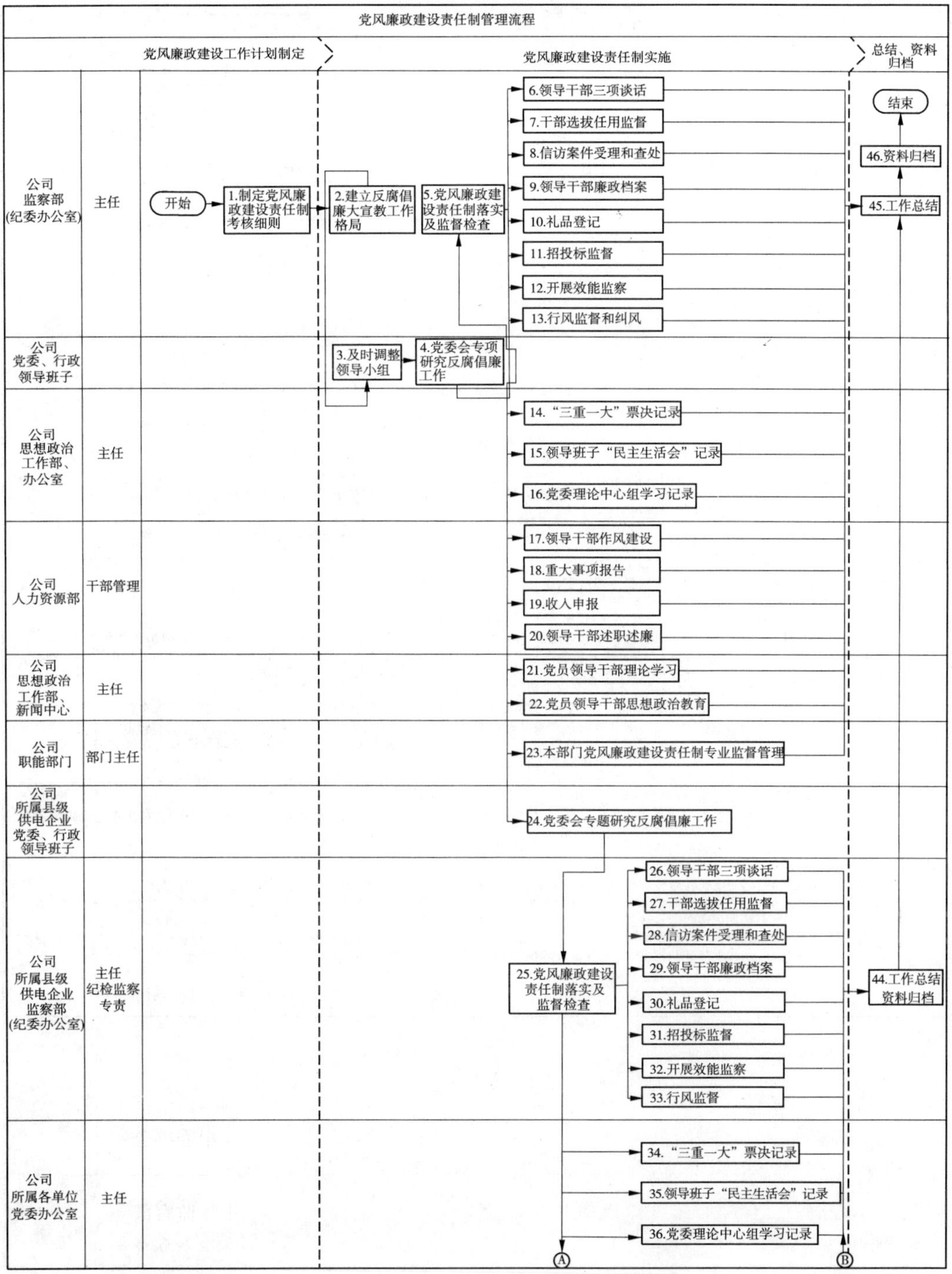

图 A.1　党风廉政建设责任制管理流程图

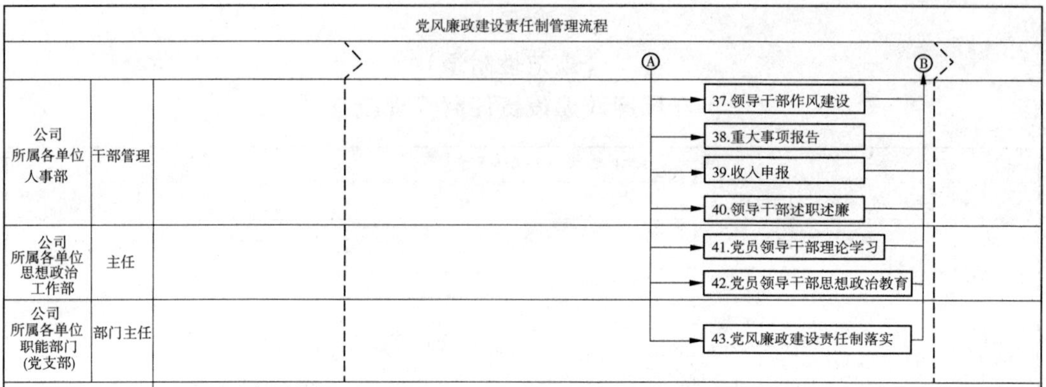

基础资料	1. 党风廉政建设责任书 2. 领导干部廉政档案 3. 群众举报及核实情况登记表 4. 礼品登记表 5. 领导干部收入申报表 6. 领导干部个人重大事项呈报件
过程描述	党风廉政建设责任制管理流程由开封电公司纪委(监察部)归口管理 节点1:根据公司当前形势任务和上级有关精神,监察部(纪委办公室)制定年度党风廉政建设责任制实施细则。 节点2:每年年初制定反腐倡廉教育年度计划,根据上级部署和单位实际,认真组织实施。 节点3:及时调整党风廉政建设责任制及惩防腐败体系工作领导小组,领导班子成员进行责任分工。 节点4:每年至少召开2次党委会,专题研究反腐倡廉工作。 节点5:公司监察部(纪委办公室)依据实施细则,对所属各单位落实党风廉政建设责任制、廉政建设情况(以下内容)进行监督。对发现的问题督促纠政,年终进行全面检查、考核。 节点6:坚持三项谈话制度,领导班子成员对分管范围的领导干部,每年至少进行一次廉政谈话并做好记录。 节点7:对干部选拔任用进行监督。 节点8:按《纪检监察信访举报管理标准》规定受理信访,严格按照规定程序和要求查办案件。 节点9:建立完善领导干部廉政档案。 节点10:礼品登记列入领导干部廉政档案。 节点11:严格执行招投标监督管理规定,建立完善招标工作监督机制。 节点12:每年按照《效通监察管理标准》规定,组织开展效能监察管理工作。 节点13:按照《行风监督管理标准》规定,组织开展行风监督管理工作。 节点14、15、16:公司思想政治工作部负责领导班子民主生活会党委理论中心组学习及"三重一大"票决情况和程序等记录。 节点17、18、19、20:公司人力资源部负责落实领导干部作风建设、领导干部个人重大事项报告、收入申报(列入领导干部廉政档案),每年年底按要求做好领导干部述职述廉,重点抓领导干部廉洁自律情况。 节点21、22:公司思想政治工作部负责落实领导干部理论学习制度,对党员干部进行政治思想教育。 节点23:开封供电公司职能部门负责本部门党风廉政建设责任制专业监督管理。包括:公司工会负责落实企务公开等事项的民主监督。公司财务部负责落实财务管理,杜绝"小金库"、账外账等违规违纪行为;落实惩防腐败体系建设专项经费。公司办公室法律顾问负责公司有关制度中体现反腐倡廉建设工作要求。公司营销部认真落实供电优质服务有关规定。公司审计部按要求落实领导干部经济责任审计工作。公司生产技术部负责电网建设资金管理。公司基建部负责工程建设资金管理。公司物流分中心(招投标管理中心)落实招投标管理调度通信中心落实"三公"调度管理;负责管理电力市场交易,向市场监管机构举报违规行为。 节点24:开封供电公司所属各单位党委、行政领导班子对职责范围内的党风廉政建设负全面领导责任,每年至少召开2次党委会,专题研究反腐倡廉工作。 节点25:开封供电公司所属各单位纪委监察部依据党风廉政建设责任制实施细则,对本单位党风廉政建设责任制落实情况(节点26~43)进行管理和开展监督检查。 节点43:公司所属各单位职能部门组织实施职责范围内的党风廉政建设各项工作,接受纪委监察部监督。 节点44:公司所属各单位每年12月31日前完成本单位年度党风廉政建设工作总结并上报,形成本单位文件及归档资料,包括党风廉政建设责任书、年度工作计划、报表、总结报告等资料。 节点45:开封供电公司监察部(纪委办公室)每年12月31日前完成本单位年度党风廉政建设工作总结。 节点46:形成文件及归档资料,包括党风廉政建设责任书、年度工作计划、报表、总结报告等资料。

续图 A.1

附录 B

（规范性附录）

表格样式

表 B.1　开封供电公司党风廉政建设责任书

开封供电公司

党风廉政建设责任书

单位：开封供电公司

××年度党风廉政建设责任书

为进一步加强党风廉政建设，确保干部员工政治安全和《开封供电公司党风廉政建设目标责任制》（以下简称《责任制》）的贯彻落实，特签订本责任书。

一、期限：××年1月1日至××年12月31日

二、党风廉政建设责任目标

贯彻落实公司反腐倡廉建设工作年度部署，确保党风廉政建设和惩防体系建设工作取得明显成效。

——公司管领导班子和成员不发生严重违反廉洁自律规定的问题，科级及以上领导干部不发生违纪违法问题。

——公司本部员工不发生违纪违法问题。

——信访案件查结率100%，不发生瞒案不报、压案不查或责任追究不到位的问题。

——不发生影响和损害公司形象的重大行风事件，在全省民主评议行风中位居先进行列，客户满意率达95%以上。

三、考核办法

1. 依据《责任制》和《开封供电公司党风廉政建设责任制考核评价细则》进行检查、考核和评价。

2. 按照《开封供电公司党风廉政建设责任制考核奖励办法》有关规定进行考核奖励。

表 B.2　开封供电公司礼品登记表

礼品登记表

登记人		政治面貌		登记时间	
单位、职务				电话	
礼品名称、数量、型号及价值					
送礼人姓名、单位、职务：					
送礼时间、地点：					
（以下由受理礼品登记部门填写）					
接受登记部门					
礼品处理情况	经手人：　　批准人：				
礼品移交情况	移交人：　　接受人：				

表 B.3　开封供电公司领导干部个人收入情况登记表

领导干部个人收入情况登记表

<table>
<tr><td>姓名</td><td></td><td>单位</td><td></td><td>职务</td><td></td></tr>
<tr><td>项目</td><td colspan="2">上半年</td><td colspan="2">下半年</td></tr>
<tr><td rowspan="5">1. 按国家和企业工资制度所得收入</td><td>技能工资</td><td>元</td><td>技能工资</td><td>元</td></tr>
<tr><td>岗位工资</td><td>元</td><td>岗位工资</td><td>元</td></tr>
<tr><td>工龄工资</td><td>元</td><td>工龄工资</td><td>元</td></tr>
<tr><td>奖金</td><td>元</td><td>奖金</td><td>元</td></tr>
<tr><td>合计</td><td>元</td><td>合计</td><td>元</td></tr>
<tr><td>2. 承包或兑现所得收入</td><td colspan="2"></td><td colspan="2"></td></tr>
<tr><td>3. 咨询、讲学、写作、审核、书画、编辑、翻译等所得收入</td><td colspan="2"></td><td colspan="2"></td></tr>
<tr><td>4. 从事社会活动或出国所得收入</td><td colspan="2"></td><td colspan="2"></td></tr>
<tr><td>5. 其他收入</td><td colspan="2"></td><td colspan="2"></td></tr>
<tr><td>6. 合计总收入</td><td colspan="2"></td><td colspan="2"></td></tr>
<tr><td>填报日期</td><td colspan="2"></td><td colspan="2"></td></tr>
<tr><td>全年总收入</td><td colspan="2"></td><td colspan="2"></td></tr>
<tr><td>备注</td><td colspan="4">每年 1 月和 7 月申报，各单位抄报公司纪委、监察部。</td></tr>
</table>

表 B.4　开封供电公司领导干部个人重大事项呈报件

领导干部个人重大事项呈报件

编号：　　　　　　　　　　　　　　　　　　　　　　年　月　日填

<table>
<tr><td>姓名</td><td></td><td>单 位</td><td></td><td>职 务</td><td></td></tr>
<tr><td>报告事项</td><td colspan="5"></td></tr>
<tr><td>报告内容</td><td colspan="5">本人签字：</td></tr>
<tr><td>答复意见</td><td colspan="5">年　月　日</td></tr>
<tr><td>备注</td><td colspan="5">1. 报告内容应有当事人姓名、时间、地点（单位）、事情简要经过和结果五个方面的情况。
2. 应一事一报、一事一表，并按有关规定及时报告。
3. “答复意见”栏由公司纪委、监察部填写。</td></tr>
</table>

表 B.5　开封供电公司领导干部廉政档案

领导干部廉政档案

<table>
<tr><td>姓名</td><td></td><td>性别</td><td></td><td>出生年月</td><td></td></tr>
<tr><td>单位</td><td></td><td>职务</td><td></td><td>任职时间</td><td></td></tr>
<tr><td>参加工作时间</td><td></td><td>入党时间</td><td></td><td>技术职称</td><td></td></tr>
<tr><td>文化程度</td><td></td><td>毕业院校及专业</td><td colspan="3"></td></tr>
<tr><td>籍贯</td><td colspan="5"></td></tr>
<tr><td colspan="6">年度个人廉政小结

签名：
年　月　日</td></tr>
</table>

年度本人执行廉洁自律规定情况

除工资、奖金、补贴外的其他劳务、经营等所得收入	
拒收礼品、礼金情况（包括时间、礼品名称、金额等）	
收受礼品登记情况（包括礼品名称、金额、登记时间）	
是否有违反上级及本公司有关领导干部廉洁自律规定的行为	
违法乱纪受到的处理情况	
廉洁自律、工作突出受到表彰情况	
需要向组织说明的其他问题	
本人所在党支部意见	盖章 年　月　日

表 B.6　开封供电公司群众举报及核实情况登记表

群众举报及核实情况登记表

年　月　日填

姓名		单位		职务	
信(访)者单位			信(访)者姓名		
转来单位			信访时间		
信访主要内容	登记人签字:				
核实及办理结果					
备注	审核人: 1. 此表仅限于填写领导干部廉政方面的信访举报问题。 2. 凡有来信、来访、电话举报,不论查实与否,均应填写此表。 3. 应一事一表。同一事情,短时间内重复信访,只填一表,并注明次数。内容有变化或超过一年应重新填表。 4. 所属单位受理的由单位纪检部门填写(审核),公司受理的由公司纪委监专办填写(审核)。 5. 公司批转的信(访)件,受理单位不再填写此表。				

纪检监察信访举报处理管理标准

Q/GDW1714 2130102—2010

前　言

本标准为规范开封供电公司纪检监察信访举报处理管理而制定。

本标准按照 GB/T 1.1—2009 给出的规则起草。

本标准由开封供电公司标准化建设委员会提出并归口。

本标准由开封供电公司标准化建设办公室组织起草编制。

本标准起草人：班明献

本标准标准化建设办公室编审组审核人：于年全 昝玉昌

本标准专业审核人：于年全 昝玉昌

本标准标准化建设办公室审核人：胡昆岭　郑罡　高鑫　张白　朱峰　高付良　申文琰　周世华

本标准审定人：刘卫国

本标准批准人：李春林

本标准由开封供电公司标准化建设委员会委托公司监察部负责解释。

本标准首次发布。

1　范围

本标准规定了开封供电公司纪检监察信访举报处理管理的规范性引用文件、术语和定义、职责与权限、管理内容与方法以及检查与考核、报告与记录等要求。

本标准适用于开封供电公司纪检监察信访举报处理管理。

2　规范性引用文件

下列文件对于本文件的应用是必不可少的。凡是注日期的引用文件，仅注日期的版本适用于本文件。凡是不注日期的引用文件，其最新版本（包括所有的修改单）适用于本文件。

中纪办发[1996]4 号文　《中共中央纪委监察部关于纪检监察部门接待处理集体上访的暂行办法》

开封供电公司党风廉政建设责任制考核评价细则

3　职责与权限

3.1　管理分工

3.1.1　在开封供电公司党委的领导下，公司监察部履行纪检监察信访举报处理的管理职能。公司人力资源部、审计部、财务资产部是纪律检查监督的协作部门。发生信访的公司各部门、各单位是纪检监察信访举报处理的配合部门。

3.1.2 所属县局(公司)监察部(纪委办公室)在本单位党委领导下履行纪检监察信访举报处理的管理职能,发生信访的各部门、单位是纪检监察信访举报处理的配合部门。

3.2 监察部

3.2.1 受理公司党员、党组织和监察对象违法违纪行为的检举、控告、来信、来访。

3.2.2 受理公司党员、党组织和监察对象不服党纪政纪处分或其他处理的申诉。

3.2.3 对公司信访举报件的初核及跟踪督办。

3.2.4 纪检监察信访举报处理工作各项数据的统计、汇总、审核和上报,及时提供真实可靠的监督工作信息。

3.2.5 负责对下级纪检监察信访举报处理工作的检查指导、考核及业务培训。

3.2.6 收集、汇总各类信访举报的信息,进行综合分析、专题分析,为领导提供建议。

3.3 公司协作部门

公司人力资源部、审计部、财务资产部配合开展纪检监察信访举报处理的调查处理工作,并及时提供相关材料、证据。

3.4 公司配合部门和单位

发生纪检监察信访举报的公司本部各部门、各单位配合开展相关调查处理工作,并及时提供真实可靠的材料、证据。

3.5 公司所属县局(公司)监察部(纪委办公室)

3.5.1 受理本单位党员、党组织和监察对象违法违纪行为的检举、控告、来信、来访。

3.5.2 受理本单位党员、党组织和监察对象不服党纪政纪处分或其他处理的申诉。

3.5.3 对本单位信访举报件的初核及跟踪督办。

3.5.4 纪检监察信访举报处理工作各项数据的统计、汇总、审核和上报,及时提供真实可靠的监督工作信息。

3.5.5 收集、汇总各类信访举报的信息,进行综合分析、专题分析,为领导提供建议。

3.6 公司所属县局(公司)协作配合部门

3.6.1 根据工作需要,配合本单位开展纪检监察信访举报处理的调查处理工作,并及时提供相关材料、证据。

3.6.2 发生纪检监察信访举报的有关部门、单位配合开展相关调查处理工作,并及时提供真实可靠的材料、证据。

4 管理内容与方法

4.1 本标准依据的流程

纪检监察信访举报处理流程见附录 A。

4.2 纪检监察信访举报处理管理

4.2.1 总则

4.2.1.1 公司及所属县局(公司)监察部(纪委办公室)受理纪检监察信访举报的范围是检举控告党员、党组织和监察对象违纪违法、以权谋私和其他不正之风方面的问题,以及党员、党组织和监察对象不服党纪政纪处分或其他处理的申诉。

4.2.1.2 公司及所属县局(公司)监察部(纪委办公室)受理信访举报,除特殊情况外,按照管理权限分级处理、归口管理。

4.2.2 纪检监察信访举报处理范围和办理方式

4.2.2.1 信访举报反映下列情况之一的,应进行初查核实:

a)不能严格执行党的纪律,贯彻落实党的路线、方针、政策;

b)不能严格执行公司党委决议、决定;

c)违反“三重一大”规定,造成不良影响或严重后果;

d)违反中央和上级关于廉洁自律的各项规定;

e)失职渎职,造成国有资产严重流失或重大安全事故;

f)贪污贿赂,挪用公款,巨额财产来源不明,收支严重不符;

g)违反财经纪律,造成不良影响或严重后果;

h)违反“三个十条”及供电优质服务有关规定,或造成恶劣影响的行风事件;

i)违反公司招标有关规定,造成不良影响或严重后果;

j)利用企业的商业秘密、业务渠道从事个人牟利活动,或将其提供、泄露给他人及其他企业;

k)上级机关或领导交办其他需要进行初核查实的情况。

4.2.2.2 信访举报反映下列情况之一的,需要被举报人就有关问题作出解释或说明,可以对被举报人进行函询或提醒谈话,也可视情况向被举报人所在单位纪检监察部门人员或其他人员进行了解:

a)不认真执行民主集中制,作风专断;

b)不认真履行职责,给企业造成一定损失;

c)不严格执行《党政领导干部选拔任用工作条例》,考察失误;

d)不严格执行廉洁自律规定,造成不良影响;

e)铺张浪费,讲排场,造成不良影响;

f)生活作风不检点;

g)其他需要进行函询或提醒谈话的情况。

4.2.2.3 经核实,信访举报反映问题失实的,应向举报人说明情况,并采取适当方式在一定范围内给予澄清。

4.2.2.4 反映问题属实但情节轻微、不需要追究纪律责任的,应对被举报的领导干部进行诫勉谈话,也可以按有关规定给予适当的组织处理。

4.2.2.5 反映问题属实且构成严重违纪、需要追究纪律责任的,应予以立案。

4.2.2.6 反映问题属实且涉嫌违法犯罪的应按程序及时移交司法机关。

4.2.2.7 其他部门和个人收到反映违规违纪方面的信访举报,应及时转交监察部(纪委办公室)处理。

4.2.2.8　信访举报反映内容空泛、线索模糊的,由监察部(纪委办公室)暂存。

4.2.3　来信受理

4.2.3.1　收到纪检监察来信举报,由公司、所属各县局(公司)监察部(纪委办公室)专责人拆封、装订、盖收信章。

4.2.3.2　纪检监察来信按重要信件和一般信件分类登记办理。填写《纪委来信来访登记簿》(见附录B表B.1),登记项目要齐全,内容要准确。

4.2.3.3　公司监察部(纪委办公室)接到来信,按以下情况办理:

a)对于反映领导班子或领导人员有关问题的重要信件,除重复件外,填写《纪检监察重要信访件拟办单》(见附录B表B.2),报公司纪委书记审批后办理;

b)对于反映非领导班子或领导人员有关问题的重要信件,除重复件外,填写《纪检监察重要信访件拟办单》,报公司监察部(纪委办公室)主任审批后办理;

c)一般信件,按员工管理权限,填写《来信转办单》(见附录B表B.3),转其所属单位办理。

4.2.3.4　公司所属县局(公司)监察部(纪委办公室)接到来信,按以下情况办理:

a)各县局(公司)监察部(纪委办公室)对于反映本级领导班子或领导班子成员有关问题的重要信件,直接上报公司监察部(纪委办公室);

b)对于反映下一级领导班子或领导人员有关问题的重要信件,除重复件外,填写《纪检监察重要信访件拟办单》,经本单位纪委书记审批后办理,对于反映下一级党政主要负责人有关问题的信件,经纪委书记审批后,报本单位党政主要负责人;

c)一般信件,按管理权限,转其所属单位办理。

4.2.4　来访受理

4.2.4.1　受理个人来访:接待人员要认真了解有关情况,对不属于纪检监察部门职责范围的,告知其办理的部门,并做好解释工作。

4.2.4.2　受理个人上访:接待人员要认真听取来访人的控告或申诉,并对问题发生的时间、地点、主要事实和来访人的要求做好记录,保存好提供的证据。

4.2.4.3　受理个人上访,按以下三种情况办理:

a)对于一般性问题、不需要处理的,应做好上访人的思想工作,劝其返回。应由所属单位解决的问题,介绍其回所属单位。如对所反映的问题需提出处理意见的,要与所属单位联系后再提出意见。也可开具来访介绍信,密封后交上访人,并将处理意见告所属单位。

b)对于来访人员反映的性质严重、时间紧迫的问题,接待人员应提出拟办意见报纪委书记后及时办理。

c)对于无理纠缠的上访人员,要做好疏导工作,劝其回原单位。如扰乱工作秩序,要通知所属单位将上访人接走,或联系有关部门处理。

4.2.5　集体上访受理

按中纪办发[1996]4号文《中共中央纪委监察部关于纪检监察部门接待处理集体上访的暂行办法》办理。

4.2.6　举报电话受理

耐心接听举报电话，做好记录，重要情况、情节要向举报人复述确认，并按政策规定向举报人作出解释或答复。处理电话举报时，按以下三种情况办理：

a)对于属于监察部(纪委办公室)受理范围的举报电话，参照信访件的处理办法办理；

b)对于不属于监察部(纪委办公室)受理范围的举报电话，应引导举报人向有关部门反映；

c)对于重要或紧急事项，报告纪委书记后及时办理。

4.2.7　公司及所属县局(公司)监察部(纪委办公室)直接办理的信访事项应当在受理后30日内办理完毕，并视情况将办理结果答复信访人；情况复杂的，时限可以适当延长。

4.2.8　信件转办

4.2.8.1　一般纪检监察信访件的转办由承办人填写转办单，直接转给有关县局(公司)的监察部(纪委办公室)处理。

4.2.8.2　纪检监察重要信访件的转办，按以下情况办理：

a)不要求报结果的重要信访件，由分管领导阅批后，承办人拟函，编号发出。原信随函转出，并复印留存。

b)要求报结果的重要信访件，按审批权限报领导审批后，由承办人拟函，编号发出。原信随函转出，并复印留存。

4.2.8.3　转办署名举报件时(需答复举报人的除外)，应隐去举报人真实姓名的信访件的复印件或摘抄，以保护举报人。

4.2.9　凡要求报结果的信访举报件在两个月内上报查处结果。不能如期上报结果的，要向发函单位书面报告原因。如两个月内未收到上报结果，发函单位可以用电话、发函、通报等方式催办。催办情况要记录在案，随发函底稿等一并留存。

4.2.10　信访举报件办结后，由监察部(纪委办公室)专责人进行审查，填写《纪检监察重要信访件办理结果拟办单》(见附录B表B.4)，经主任审核、领导审批后，按规定归档。

4.3　信访举报初查核实、函询、提醒谈话或诫勉谈话的审批和实施

4.3.1　反映公司主要负责人有关问题的，经省公司纪检组组长并省公司党组书记、总经理审批后，由省公司纪检组、监察局负责实施初核核实或函询，省公司党组书记、总经理及纪检组组长进行提醒谈话或诫勉谈话，提醒谈话和诫勉谈话可委托省公司纪检组、监察局负责，提醒谈话也可委托省公司分管领导进行。

4.3.2　反映公司除主要负责人外的领导班子成员有关问题的，经省公司监察部主任并纪检组组长审批后，由省公司纪检组、监察部负责实施初查核实、函询、提醒谈话或诫勉谈话。其中，提醒谈话也可委托公司党委(纪委)或公司主要负责人进行。

4.3.3　反映公司中层干部有关问题的，经公司纪委书记并主要负责人审批后，由公司监察部(纪委办公室)实施初核核实、函询、提醒谈话或诫勉谈话。其中，提醒谈话也可委托被提醒谈话人所在党支部或分管领导进行。

4.3.4　反映公司所属县局(公司)主要负责人有关问题的，经公司纪委书记并主要负责人审批后，由公司监察部(纪委办公室)实施初核核实、函询、提醒谈话或诫勉谈话。其

中，提醒谈话也可委托分管领导进行。

4.3.5 反映公司所属县局(公司)除主要负责人外的领导班子成员(包括总师、顾问、助理)有关问题的，经本单位纪委书记审批后，由本单位监察部(纪委办公室)实施初查核实、函询、提醒谈话或诫勉谈话。其中，提醒谈话也可委托其本单位的主要负责人进行。

4.3.6 反映公司各级单位其他干部员工有关问题的，由其所在单位监察部(纪委办公室)视情况处理。其中，提醒谈话也可委托所在单位的党组织(纪委)或分管领导进行。

4.3.7 上级纪检监察部门认为需要时可以直接调查处理或派人督办。

4.3.8 函询、提醒谈话和诫勉谈话应由监察部(纪委办公室)会同人事部进行。对于信访举报反映一级组织或单位带有集体违纪性质的问题，需要函询、提醒谈话或诫勉谈话的，由上一级单位纪检监察部门和组织(人事)部门对被反映单位的党政主要负责人实施。

4.3.9 实施提醒谈话、诫勉谈话时应有两名及以上同志参加。诫勉谈话时，应当向谈话对象说明谈话原因，认真听取其对有关问题的解释和说明，指出需要注意的问题，并要求其提出改正措施。诫勉谈话时应做好记录，谈话结束后记录材料需经本人核对签字。

4.3.10 实施函询的，其内容要摘抄原文，不得将原文、举报人姓名和带有人身攻击、污辱性语言的材料转给函询对象。

4.3.11 收到函询或接受诫勉谈话需要书面回复的领导干部，应在规定的时间内实事求是地作出书面回复。

4.3.12 实施初查核实、函询、提醒谈话和诫勉谈话的相关材料由监察部(纪委办公室)存查，供人事部选拔、任用、考核干部时参考。

4.3.13 对署真实姓名的信访举报，应优先处理，由监察部(纪委办公室)与举报人取得联系，并将受理情况和办理结果及时反馈举报人。

4.3.14 不得对举报人进行追查，更不得打击报复。接受组织函询、提醒谈话和诫勉谈话的干部，不得隐瞒、编造、歪曲事实和回避问题。对违反者应进行批评教育，情节严重的，给予组织处理或纪律处分。

4.3.15 监察部(纪委办公室)和人力资源部应采取适当方式，对被举报人存在的主要问题的改正情况进行了解。对于没有改正或改正不明显的，应根据党委的意见，予以批评教育并督促改正，或作出组织处理。

4.3.16 监察部(纪委办公室)和人力资源部工作人员应严格执行保密纪律，对失密、泄密者，按照有关规定处理。

5 检查与考核

5.1 检查与考核内容

按照《开封供电公司党风廉政建设责任制考核评价细则》进行检查和考核。

5.2 主要考核指标

表1列出了纪检监察信访举报处理管理的主要考核指标。

表1　纪检监察信访举报处理管理的主要考核指标

序号	考核指标	考核标准	负责岗位	所属部门	监督部门
1	来信来访处置率	100%	专责人	监察部（纪委办公室）	监察部（纪委办公室）
2	初核件按时完成率	100%	专责人	监察部（纪委办公室）	监察部（纪委办公室）

6　报告与记录

表2给出了执行本标准形成的报告和记录。

表2　纪检监察信访举报处理报告与记录

序号	报告与记录编号	报告与记录名称	填写人	保存地点	保存形式	保存期限
1	Q/GDW1714 2130102—2010 - R01	纪委来信来访登记簿	专责人	监察部（纪委办公室）	纸质文本	长期
2	Q/GDW1714 2130102—2010 - R02	纪检监察重要信访件拟办单	专责人	监察部（纪委办公室）	纸质文本	长期
3	Q/GDW1714 2130102—2010 - R03	来信转办单	专责人	监察部（纪委办公室）	纸质文本	长期
4	Q/GDW1714 2130102—2010 - R04	纪检监察重要信访件办理结果拟办单	专责人	监察部（纪委办公室）	纸质文本	长期

附录 A

（规范性附录）

纪检监察信访举报处理管理流程

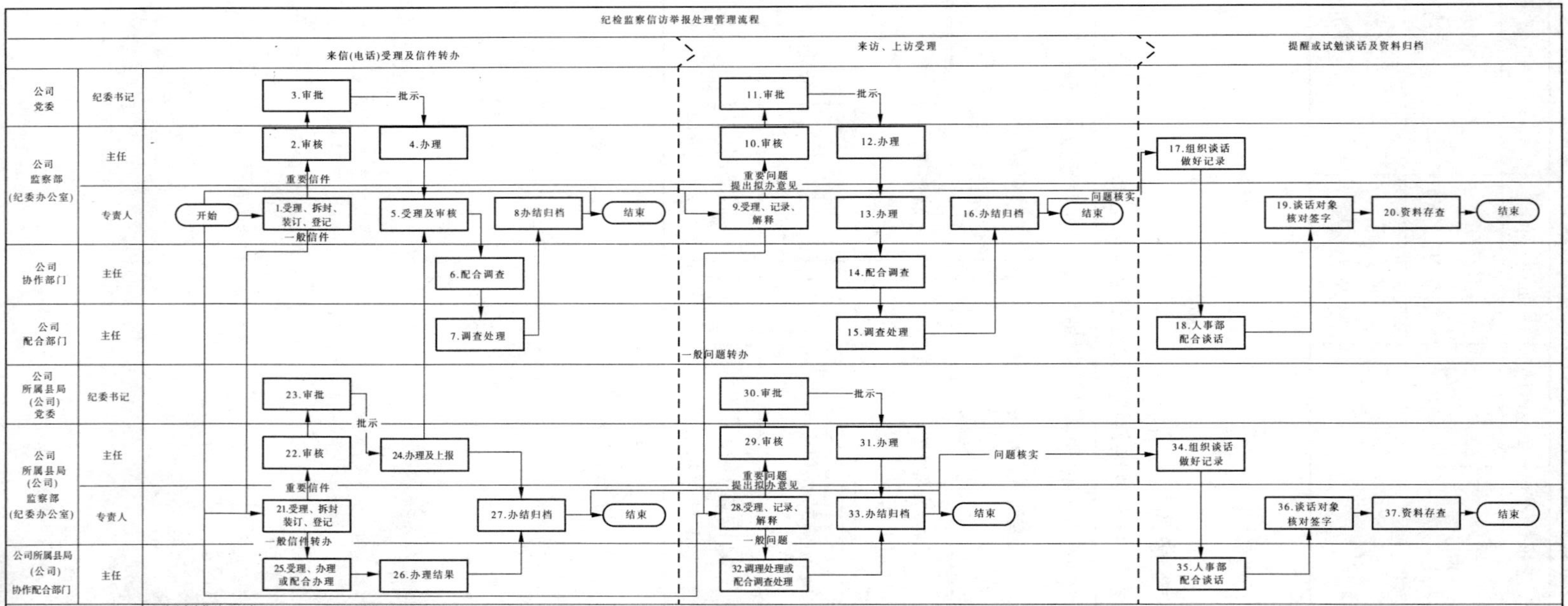

基础资料	1.纪检监察来信(访)登记表　　3.纪检监察信访件转办单 2.纪检监察重要信访件拟办单　　4.纪检监察重要信访件办理结果拟办单
过程描述	纪检监察信访举报处理管理流程由开封供电公司监察部(纪委办公室)归口管理 节点1:受理来信、信件转办由公司监察部(纪委办公室)专责人拆封、装订、登记盖收信章；电话受理做好记录，涉及所属单位一般信件转所属单位办理。 节点2:受理来信、信件转办和电话举报报公司监察部(纪委办公室)主任审核。 节点3:反映领导班子或领导人员有关问题的重要信件报送公司纪委书记审批。 节点4:公司监察部(纪委办公室)主任按领导批示组织进行办理，开展调查。 节点5:公司监察部(纪委办公室)专责在主任组织下开展调查，对下级上报结果初核。 节点6:公司相关部门配合开展纪检监察信访举报处理的调查处理工作，并及时提供相关材料、证据。 节点7:发生纪检监察信访举报的公司各部门、单位配合开展相关调查处理工作，并及时提供 真实可靠的材料、证据。 节点8:公司监察部(纪委办公室)专责人对来信(电话)举报件办结情况进行归档。 节点9:受理来访、上访由公司、监察部(纪委办公室)专责人做好记录和必要的解释工作，涉及所属单位的一般问题转所属单位接待办理。 节点10:公司监察部(纪委办公室)专责人对来访上访问题提出拟办意见，报开封供电公司监察部(纪委办公室)主任审核。 节点11:来访、上访重要问题报送公司纪委书记审批。 节点12:公司监察部(纪委办公室)主任按领导批示组织办理。 节点13:公司监察部(纪委办公室)专责在主任组织下开展调查。 节点14:公司相关部门配合来访、上访举报的调查处理工作。 节点15:涉及来访、上访举报的公司各部门、单位配合开展相关调查处理工作。 节点16:公司监察部(纪委办公室)专责人对来访、上访举报件办结情况进行归档。 节点17:纪检监察信访举报经调查问题核实、函询、提醒、诫勉谈话规定的，报开封供电公司监察部(纪委办公室)主任组织谈话，做好相关记录。 节点18:公司人力资料部配合提醒、诫勉谈话。 节点19:谈话记录经谈话对象核对签字。 节点20:公司监察部(纪委办公室)专责人对纪检监察信访举报工作资料进行归档。 节点21:所属单位监察部(纪委办公室)专责人受理电话举报，对一般信件举报进行转办。 节点22:受理来信、信件转办和电话举报报所属单位监察部(纪委办公室)主任审核。 节点24:所属单位重要信件由所属单位监察部(纪委办公室)主任按领导批示组织办理，并将办理结果上报公司监察部(纪委办公室)。 节点25:所属单位相关部门配合开展纪检监察信访举报处理的调查处理工作，发生纪检监察信访举报的必属单位、部门配合开展相关调查处理工作，及时提供真实可靠的材料、证据。 节点26:所属单位相关单位、部门将办理结果报监察部(纪委办公室)进行初核。 节点27:所属监察部(纪委办公室)专责人对来信(电话)举报件办结情况进行归档。 节点28:所属单位监察部(纪委办公室)专责人做好记录和必要的解释工作。涉及单位的问题转涉及单位接待办理或配合调查处理。 节点29:所属单位监察部(纪委办公室)专责人对来访、上访问题提出拟办意见报监察部(纪委办公室)主任审核。 节点30:所属单位来访、上访重要问题报送纪委书记审批。 节点31:所属单位监察部(纪委办公室)主任按领导批示组织办理，开展调查、初核。 节点32:所属单位相关部门配合开展纪检监察信访举报处理的的调查处理工作，发生纪检监察信访举报的所属单位，部门配合开展相关调查处理工作，及时提供真实可靠的材料、证据。 节点33:所属单位监察部(纪委办公室)专责人对来访、上访举报件办结情况进行归档。 节点34:纪检监察信访举报经调查问题核实，函询、提醒、诫勉谈话规定的，由所属单位监察部(纪委办公室)主任组织谈话，做好相关记录。 节点35:所属单位人事部配合提供、诫勉谈话。 节点36:谈话记录经谈话对象核对签字。 节点37.所属单位监察部(纪委办公室)专责人对纪检监察信访举报工作资料进行归档。

图 A.1　纪检监察信访举报处理管理流程图

附录 B
（规范性附录）
表样格式

表 B.1　开封供电公司纪委来信来访登记簿

开封供电公司纪委来信来访登记簿

年　　月

<table>
<tr><td>编号</td><td></td><td>时间</td><td></td><td>信访方式</td><td>信</td><td>类型</td><td></td></tr>
<tr><td colspan="2">信访人单位</td><td colspan="2"></td><td>姓名</td><td></td><td>职业</td><td></td></tr>
<tr><td rowspan="2">被反映人</td><td>单位</td><td colspan="2"></td><td>姓名</td><td></td><td>部门</td><td></td></tr>
<tr><td>职务</td><td colspan="2"></td><td>职级</td><td></td><td>政治面貌</td><td></td></tr>
<tr><td>反映
主要
问题</td><td colspan="7"></td></tr>
<tr><td>领导批示</td><td colspan="7"></td></tr>
<tr><td>办理单位</td><td colspan="3"></td><td>办理要求</td><td colspan="3"></td></tr>
<tr><td>转办时间</td><td colspan="3"></td><td>结办时间</td><td colspan="3"></td></tr>
<tr><td>办理结果</td><td colspan="7"></td></tr>
<tr><td>备注</td><td colspan="7"></td></tr>
</table>

表 B.2　纪检监察重要信访件拟办单

纪检监察重要信访件拟办单

开封供电公司纪检监察信访举报

记录流水号：　　　　　　　　　　　　　　　　　　　　　　信访日期：

<table>
<tr><td rowspan="2">反映人
姓名</td><td rowspan="2"></td><td>单位</td><td colspan="3"></td></tr>
<tr><td>职务</td><td colspan="3"></td></tr>
<tr><td rowspan="3">被反映人
姓名</td><td rowspan="2"></td><td>单位</td><td colspan="3"></td></tr>
<tr><td>职务</td><td></td><td>级别</td><td></td></tr>
<tr><td>所属系统</td><td></td><td>问题性质</td><td colspan="2"></td></tr>
<tr><td>来函单位</td><td colspan="2"></td><td>函号</td><td colspan="2"></td></tr>
<tr><td colspan="6">内容摘要：</td></tr>
<tr><td colspan="6">拟办意见：

拟办人：　　　　　　　　　　　　　　　　　　　　拟办日期：</td></tr>
<tr><td colspan="6">部门领导意见：</td></tr>
<tr><td colspan="6">领导批示：</td></tr>
</table>

注：此单用钢笔或毛笔填写，随卷归档。

表 B.3　来信转办单

来信转办单

纪委：

现将人民来信（第　　号）件转给你们，请调查处理，并上报调查结果。

（有关保密和注意事项）

开封供电公司纪委、监察部

年　　月　　日

表 B.4　纪检监察重要信访件办理结果拟办单

纪检监察重要信访件办理结果拟办单
开封供电公司纪检监察信访举报

反映人姓名		单位		职务	
被反映人姓名		单位		职务	
信访日期		发函时间			
报结果时间		呈报单位			
信访问题摘要					
结果摘要					
处理意见					
批示					

承办人：　　　　　　　　　　　　　　　　　　　　　　　　　年　　月　　日

监察管理部分

行风监督管理标准

Q/GDW1714 2130201—2010

前　言

本标准为规范开封供电公司行风监督管理而制定。

本标准按照 GB/T 1.1—2009 给出的规则起草。

本标准由开封供电公司标准化建设委员会提出并归口。

本标准由开封供电公司标准化建设办公室组织起草编制。

本标准起草人:陈跃丰

本标准标准化建设办公室编审组审核人:于年全 昝玉昌

本标准专业审核人:于年全 昝玉昌

本标准标准化建设办公室审核人:胡昆岭　郑罡　高鑫　张白　朱峰　高付良　申文琰　周世华

本标准审定人:刘卫国

本标准批准人:李春林

本标准由开封供电公司标准化建设委员会委托公司监察部负责解释。

本标准首次发布。

1　范围

本标准规定了开封供电公司行风监督管理的规范性引用文件、术语和定义、职责与权限、管理内容与方法以及检查与考核、报告与记录等要求。

本标准适用于开封供电公司行风监督工作的管理。

2　规范性引用文件

下列文件对于本文件的应用是必不可少的。凡是注日期的引用文件,仅注日期的版本适用于本文件。凡是不注日期的引用文件,其最新版本(包括所有的修改单)适用于本文件。

国家电网公司监察[2005]7 号　关于违反员工服务“十个不准”的处理规定(试行)

国家电网公司监察[2006]893 号　行风投诉举报管理办法(试行)

国家电网公司监察[2006]893 号　行风投诉举报奖励管理办法

河南省电力公司　关于违反“三个十条”及行风建设有关规定处罚暂行规定

开封供电公司行风建设考核细则

3 术语和定义

下列术语和定义适用于本文件。

开封供电公司为加强行风建设，提升优质服务水平，增进与客户之间沟通与交流，自2000年起推行的行风建设举措。

3.1 “四个服务”

服务党和国家工作大局，服务电力客户，服务发电企业，服务经济社会发展。

3.2 “三公”调度

坚持依法“公开、公平、公正”调度。

4 职责与权限

4.1 管理分工

行风监督工作由开封供电公司行风监督工作主管领导统一领导，公司监察部是行风监督工作的归口管理部门，公司相关职能部门是行风监督的协助管理部门。公司所属供电局（公司）的行风监督工作由供电公司主管领导统一领导，公司监察部是行风监督工作的归口管理部门，公司相关职能部门是行风监督的协助管理部门。

4.2 公司行风监督主管领导

负责审批行风监督的长远规划和年度计划，负责组织对重大违规违纪问题做出处理。

4.3 监察部

4.3.1 对公司系统行风建设进行监督管理。

4.3.2 定期分析行风建设状况，制定完善行风建设管理制度。

4.3.3 组织开展“明察暗访”活动，对公司系统行风建设工作进行监督检查。

4.3.4 牵头做好公司参与“行风热线”活动。

4.3.5 受理客户的投诉举报和调查处理。

4.3.6 组织公司参加地方行风民主评议迎评工作。

4.4 营销部

负责创新营销机制，提高服务质量，加强同客户的联系和沟通。

4.5 农电工作部

4.5.1 协助监察部做好对县（市、区）供电公司行风建设的管理和考核等工作。

4.5.2 配合做好职责范围内相关的行风建设工作。

4.6 公司相关职能部门

4.6.1 公司调度通信中心负责开封电网“三公”调度，对所辖电网调度进行管理及监督。

4.6.2 公司新闻中心制定宣传方案并组织实施，宣传行风建设的形势任务、重点工作、取得的成绩、先进事迹等，防范新闻风险等。

4.7 公司五县供电局（公司）行风监督主管领导

4.7.1 贯彻落实开封供电公司关于行风监督的工作部署，审批本单位行风建设的工作意见。

4.7.2 负责组织对重大违规违纪问题做出处理。

4.8 公司五县供电局（公司）监察部

4.8.1 贯彻落实开封供电公司关于行风监督的工作部署，制定本单位行风建设的工作意见。

4.8.2 组织开展“明察暗访”活动，对本单位行风建设工作进行监督检查。

4.8.3 牵头做好“行风热线”工作。

4.8.4 受理客户的投诉举报和调查处理。

4.8.5 参加地方行风民主评议工作。

4.9 公司所属相关职能部门

配合做好本职范围内相关的行风监督工作。

5 管理内容与方法

5.1 本标准依据的流程

行风监督管理流程见附录A。

5.2 制定行风监督意见

每年年初，公司监察部根据河南省电力公司和开封市委、市政府的要求，制定公司年度行风监督意见，提出总体措施，并牵头实施。

5.3 实施行风监督

5.3.1 公司监察部，每年至少两次对公司窗口单位落实行风建设措施和服务承诺兑现情况进行督导检查，根据存在的问题，督促有关单位进行整改。

5.3.2 公司营销部，每年组织召开一次客户关系委员会会议，征求客户意见和建议。做好会议记录，整理客户建议并认真研究，作为改进行风监督的依据。

5.3.3 公司新闻中心通过报纸、电台、电视台、网站等新闻媒体宣传行风建设主要工作。

5.3.4 公司建立明察暗访制度。由监察部牵头，营销部、农电部等部门配合，对公司窗口单位进行明察暗访，并通报明察暗访情况，对发现的问题督促其整改。

5.3.5 各供电公司监察部根据公司关于行风建设明察暗访制度要求，由监察部组织，营销部、农电部等部门配合，对窗口单位进行明察暗访，发现问题，制定措施，及时组织整改。

5.3.6 公司设立投诉举报电话、举报箱和行风建设网站，受理客户投诉举报，填写投诉举报处理单（见附录B表B.1），畅通客户投诉举报渠道。对违反行风建设规定的，由监察部会同有关部门进行调查处理。对投诉举报属实的，按国家电网公司监察［2006］893号《行风投诉举报奖励管理办法》规定，对举报人进行奖励。

5.3.7 公司监察部按照开封市政府“行风热线”活动要求，组织公司领导、有关部门负责人参加广播电台上线，与客户互动，解答客户问题；为客户提供用电优质服务，涉及公司解决的问题，由公司上报调查及处理情况。

5.3.8 公司和五县供电局(公司)积极参加地方政府组织的民主评议行风活动。由监察部牵头，会同有关部门制定措施，提高优质服务水平，确保在省、市两级行风测评中取得先进名次。

5.3.9 严厉处罚供电服务中的不良行为。按照国家电网公司监察[2005]7号《关于违反国家电网公司员工服务“十个不准”的处理规定(试行)》、国家电网公司监察[2006]893号《国家电网公司行风投诉举报管理办法(试行)》和《省公司关于违反“三个十条”及行风建设有关规定处罚暂行规定》等办法执行，公司监察部具体实施。

5.3.10 每月5日前，公司填报行风投诉举报处理情况月统计表上报省公司纪检组(见附录B表B.2)。

5.3.11 每月5日前，公司填报员工违反“十个不准”月统计表上报省公司纪检组(见附录B表B.3)。

5.4 行风监督总结

5.4.1 每年6月20日、11月20日前，五县供电局(公司)监察部将本单位行风工作总结报公司监察部。

5.4.2 每年7月1日、12月1日前，公司监察部将行风工作总结报省公司。

5.5 资料归档

每年年底，公司监察部将行风建设资料进行归档。

6 检查与考核

6.1 检查与考核内容

6.1.1 公司行风监督考核，按照《开封供电公司党风廉政建设责任制考核细则》进行。

6.1.2 公司行风监督主管领导负责组织对公司行风监督工作进行考核，公司监察部牵头对五县供电局(公司)行风监督工作进行考核。

6.1.3 五县供电局(公司)行风监督主管领导负责组织对本单位行风监督工作进行考核，监察部牵头对所属单位行风监督工作进行考核。

6.1.4 检查与考核主要内容如下：

a)投诉举报查处、办结、回访情况；

b)不发生严重影响政治和社会稳定的行风事件；

c)不发生因处理不当引发的越级上访事件；

d)民主评议行风位居先进行列。

6.2 主要考核指标

表1列出了行风监督管理的主要考核指标。

表1　行风监督管理的主要考核指标

序号	考核指标	考核标准	负责岗位	所属部门	监督部门
1	属实投诉办结率	100%	行风建设	监察部	监察部
2	属实投诉回访率	100%	行风建设	监察部	监察部
3	行风投诉举报查处率	100%	行风建设	监察部	监察部
4	严重影响政治和社会稳定的行风事件次数	0次	行风建设	监察部	监察部
5	发生因处理不当引发的越级上访事件次数	0次	行风建设	监察部	监察部

7　报告与记录

表2给出了执行本标准形成的报告和记录。

表2　行风监督管理报告与记录

序号	报告与记录编号	报告与记录名称	填写人	保存地点	保存形式	保存期限
1	Q/GDW1714 2130201—2010-R01	行风监督工作意见	行风建设	监察部	纸质文本	2年
2	Q/GDW1714 2130201—2010-R02	投诉举报处理单	行风建设	监察部	纸质文本	长期
3	Q/GDW1714 2130201—2010-R03	行风投诉举报处理情况月统计表	行风建设	监察部	纸质文本	长期
4	Q/GDW1714 2130201—2010-R04	员工违反“十个不准”月统计表	行风建设	监察部	纸质文本	长期
5	Q/GDW1714 2130201—2010-R05	客户关系委员会会议记录	行风建设	监察部	纸质文本	2年
6	Q/GDW1714 2130201—2010-R06	行风监督工作总结	行风建设	监察部	纸质文本	2年

附录 A
（规范性附录）
行风监督管理流程

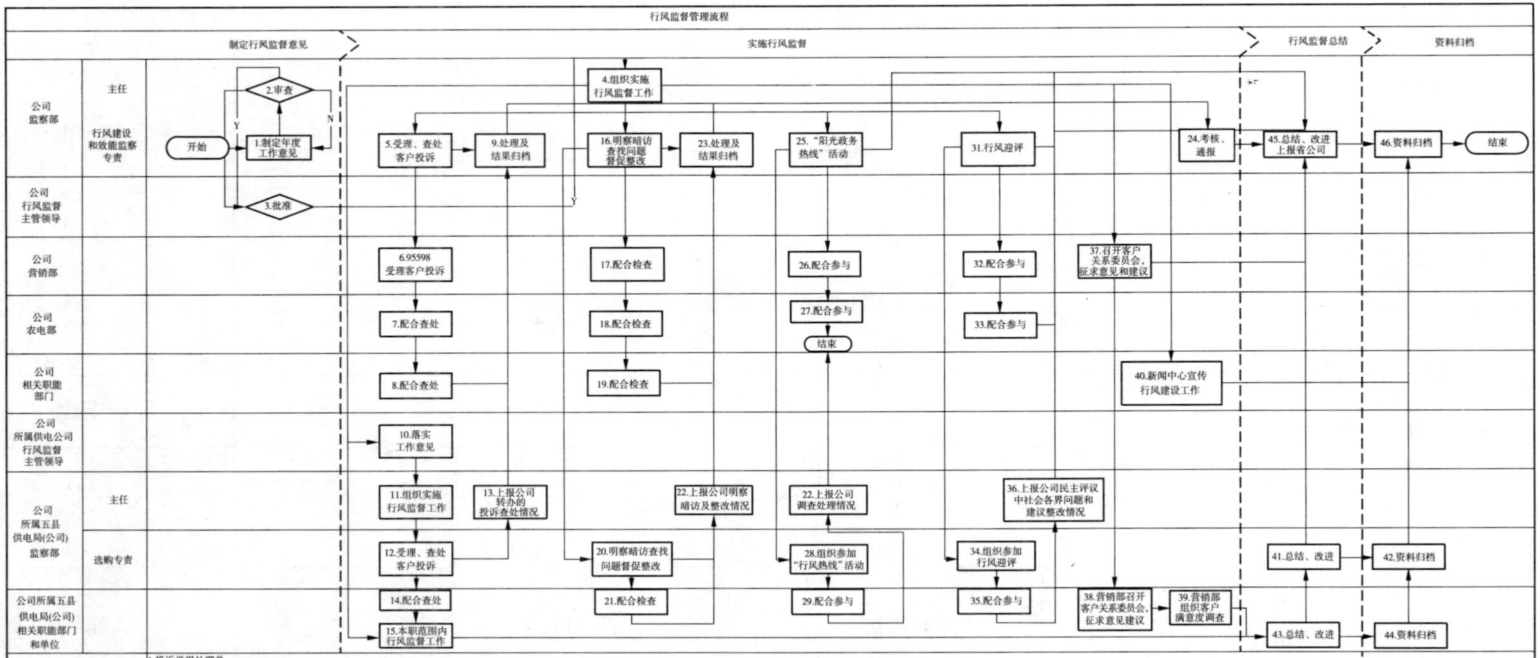

基础资料	1.投诉举报处理单 2.行风违诉举报处理情况月统计表 3.员工违反“十个不准”月统计表
过程描述	行风监督管理流程由省公司监察部归口管理 节点1:制定行风监督年度工作意见。 节点2:行风监督年度工作意见由省公司监察部门主任审查。 节点3:行风监督年度工作意见由省公司分管领导批准。 节点4:监察部主任根据行风监督意见组织开展行风监督工作。 节点5:监察部受理、分办全省客户供电服务投诉，对查处情况进行监督。 节点6:营销部95598受理客户供电服务投诉。 节点7:农电部配合查处客户供电服务投诉。 节点8:相关职能部门配合查处客户供电服务投诉。 节点9:监察部对客户供电服务投诉查处情况进行归档。 节点10:所属五县供电局(公司)分管行风监督的主管领导组织本单位落实行风监督年度工作意见。 节点11:所属五县供电局(公司)监察部主任全面组织本单位行风监督工作。 节点12:所属五县供电局(公司)监察部行风专责受理，查处本单位客户投诉，并受理和组织查处监察部转办的客户投诉件。 节点13:所属五县供电局(公司)监察部主任负责上报公司监察部转办的客户投诉查处情况。 节点14:所属五县供电局(公司)相关职能部门和单位配合客户投诉查处工作。 节点15:所属五县供电局(公司)相关职能部门和单位落实本职范围内行风监督工作。 节点16:公司监察部牵头组织明察暗访活动。 节点17:公司营销部组织明察暗访活动。 节点18:公司农电部配合明察暗访活动。 节点19:公司相关职能部门配合明察暗访活动。 节点20:所属五县供电局(公司)监察部组织本单位明察暗访活动。 节点21:所属五县供电局(公司)相关职能部门和单位配合明察暗访活动。 节点22:所属五县供电局(公司)明察暗访活动及问题整改情况上报公司监察部。 节点23:监察部对明察暗访活动及问题整改情况进行归档。 节点24:监察部对属实、性质严惩的投诉事件和明察暗访发现的违纪问题进行考核和通报。 节点25：监察部全头组织参加省政府“阳光政务热线”活动。 节点26、27：营销部、农电部配合，参加“阳光政务热线”活动。 节点28：所属五县供电局(公司)参加地方政府组织的“行风热线”活动。 节点29:所属五县供电局(公司)相关职能部门和单位配合，参与“行风热线”活动。 节点30:所属五县供电局(公司)监察部对“行风热线”客户提出的问题处理情况上报公司监察部。 节点31:公司监察部牵头组织参加省政府民主评议行风迎评工作。 节点32、33:公司营销部、农电部配合，参与行风迎评工作。 节点34:所属单位监察部牵头组织参加地方政府民主评议行风迎评工作。 节点35:所属五县局(公司)相关职能部门和单位配合，参与行风迎评工作。 节点36:所属五县局(公司)监察部将民主评议中社会各界问题和建议整改情况上报公司监察部。 节点37:公司营销部牵头组织召开客户关系委员会议，广泛征求社会意见和建议。 节点38:所属五县供电局(公司)营销部组织召开客户关系委员会议，广泛征求社会意见和建议。 节点39:所属五县供电局(公司)营销部组织客户满意度调查工作。 节点40:公司新闻中心，河南电力报社宣传行风建设工作，防范新闻风险。 节点41:所属五县供电局(公司)相关职能部门和单位进行年度行风监督工作总结及改进。 节点42:所属五县供电局(公司)监察部年度行风监督工作资料归档。 节点43:所属五县供电局(公司)相关职能部门和单位年度行风监督工作总结及改进。 节点44:所属五县供电局(公司)相关职能部门和单位年度行风监督工作资料归档。 节点45:公司监察部进行年度行风监督工作总结及改进。 节点46:公司监察部年度行风监督工作资料归档。

图 A.1　行风监督管理流程

附录 B
（规范性附录）
表样格式

表 B.1　开封供电公司投诉举报处理单

开封供电公司投诉举报处理单

<table>
<tr><td>编号</td><td></td><td>受理时间</td><td></td><td colspan="2">被举报人</td><td></td><td>被举报人单位</td><td></td></tr>
<tr><td>举报人</td><td></td><td>联系电话</td><td></td><td rowspan="2">办理意见</td><td colspan="4" rowspan="2">年　月　日</td></tr>
<tr><td>联系地址</td><td colspan="3"></td></tr>
<tr><td rowspan="5">举报主要问题：</td><td colspan="3" rowspan="5"></td><td>领导批示</td><td colspan="4">年　月　日</td></tr>
<tr><td>办理结果</td><td colspan="4">年　月　日</td></tr>
<tr><td>反馈情况</td><td colspan="4"></td></tr>
<tr><td>备注</td><td colspan="4"></td></tr>
</table>

表 B.2　开封供电公司行风投诉举报处理情况(　)月统计表

开封供电公司行风投诉举报处理情况(　　)月统计表

单位：　　　　　　　　　　　　　　　　　　　　　　　　　　年　　月　　日

区域 / 内容	地市级及以上(件)			县级及以下(件)		
	数量	办结	未办结	数量	办结	未办结
1.营业收费						
2.电费电价						
3.电网改造						
4.供电质量						
5.停电方面						
6.服务质量						
7.(物业)转供						
8.报装接电						
9.电器损坏赔偿						
10.“三公”调度						
11.“三指定”问题						
12.泄露商业秘密						
13.收受礼品、礼金等						
14.接受宴请、旅游等						
15.咨询及建议						
16.表扬						
17.其他						
合计						

填表人：　　　　　　　　　　　　审核人：　　　　　　　　联系电话：

表 B.3　开封供电公司员工违反“十个不准”(　　)月统计表

开封供电公司员工违反“十个不准”(　)月统计表

单位：　　　　　　　　　　　　　　　　　　　　　　　　　　　　　年　　月　　日

区域 / 内容	地市级及以上(件)			县级及以下(件)		
	数量	办结	未办结	数量	办结	未办结
1. 违反规定停电、无故拖延送电						
2. 自立收费项目、擅自更改收费标准						
3. 为客户指定设计、施工、供货单位						
4. 对客户投诉、咨询推诿塞责						
5. 为亲友用电谋取私利						
6. 对外泄漏客户的商业秘密						
7. 收受客户礼品、礼金、有价证券						
8. 接受客户组织的宴请、旅游和娱乐活动						
9. 工作时间饮酒						
10. 利用工作之便谋取其他不正当利益						
合计：						

填表人：　　　　　　　　　　　　　审核人：　　　　　　　　　联系电话：

效能监察管理标准

Q/GDW1714 2130202—2010

前 言

本标准为规范开封供电公司效能监察管理而制定。

本标准按照 GB/T 1.1—2009 给出的规则起草。

本标准由开封供电公司标准化建设委员会提出并归口。

本标准由开封供电公司标准化建设办公室组织起草编制。

本标准起草人:陈跃丰

本标准标准化建设办公室编审组审核人:于年全 昝玉昌

本标准专业审核人:于年全 昝玉昌

本标准标准化建设办公室审核人:胡昆岭　郑罡　高鑫　张白　朱峰　高付良　申文琰　周世华

本标准审定人:刘卫国

本标准批准人:李春林

本标准由开封供电公司标准化建设委员会委托公司监察部负责解释。

本标准首次发布。

1　范围

本标准规定了开封供电公司效能监察管理的规范性引用文件、术语和定义、职责与权限、管理内容与方法、检查与考核及报告与记录等要求。

本标准适用于开封供电公司效能监察管理。

2　规范性引用文件

下列文件对于本文件的应用是必不可少的。凡是注日期的引用文件,仅注日期的版本适用于本文件。凡是不注日期的引用文件,其最新版本(包括所有的修改单)适用于本文件。

国网公司纪检监察[2009]4 号　国家电网公司效能监察办法

开封供电公司党风廉政建设责任制考核评价细则

3　术语和定义

下列术语和定义适用于本文件。

3.1　效能监察

监察部门针对影响企业效能的有关业务事项或活动过程,运用特有的检查权、调查权、建议权和处分权，对监察对象履职行为的正确性进行监督控制，发现管理缺陷，纠正行为偏差，促进企业规范管理和自我完善的综合管理监控工作。

3.2 监察建议

监察部门在效能监察工作中，对查明的尚不够作出纪律处分的行为偏差事实提出的建议。

3.3 监察决定

监察部门在效能监察工作中，对查明的尚未涉嫌犯罪的违规违纪事实作出的决定。

4 职责与权限

4.1 管理分工

开封供电公司依据"统一要求、分级负责"的原则，建立健全效能监察工作责任体系，形成由总经理负责、监察部门协调实施、相关职能部门密切配合、职工群众积极参与的效能监察领导体制和工作机制。

4.2 公司总经理

4.2.1 统筹考虑、统一部署效能监察工作，协调各方关系，处理重大事宜，加强监督检查。

4.2.2 审批效能监察立项报告、监察建议、监察决定等重大事项，听取工作汇报，研究新情况，解决新问题。

4.2.3 建立健全监察机构，配置监察人员，为效能监察工作提供组织保证。

4.3 监察部（纪委办公室）

4.3.1 根据工作实际，建立和完善效能监察规章制度，以制度建设提升规范化水平。

4.3.2 按照上级部门和公司主要领导要求，结合实际，确立效能监察项目，提出立项可行性报告，制定实施方案。

4.3.3 协调相关职能部门，组织实施，推动效能监察工作开展。

4.3.4 提出并督促落实监察建议或监察决定，查处在效能监察中发现的违规违纪违法行为。

4.3.5 组织开展效能监察项目实施情况的评估工作。

4.3.6 负责效能监察项目的立卷归档工作。

4.3.7 建议相关职能部门暂停涉嫌严重违规违纪违法人员的职务。

4.4 公司本部相关职能部门

4.4.1 参与配合效能监察工作，通报相关情况，提供相关资料。

4.4.2 落实针对本部门的效能监察建议或决定。

4.4.3 向监察部门提出意见、建议。

4.5 公司所属单位行政主要负责人

4.5.1 负责本单位效能监察的全面工作。

4.5.2 研究解决效能监察中的重大问题。

4.5.3 负责立项表、监察建议和决定、总结评估报告的审批等。

4.5.4 建立健全监察机构,配置监察人员,为效能监察工作提供组织保证。

4.6 公司所属单位监察部门

4.6.1 贯彻落实公司效能监察工作部署。

4.6.2 按照公司和本单位主要领导要求,结合实际,确立效能监察项目,提出立项可行性报告,制定实施方案。

4.6.3 协调相关部门,组织实施,推动效能监察工作开展。

4.6.4 提出并督促落实监察建议或监察决定,查处在效能监察中发现的违规违纪违法行为。

4.6.5 组织开展效能监察项目实施情况的评估工作。

4.6.6 负责本单位效能监察日常工作。

4.6.7 负责效能监察项目的立卷归档工作,并将有关资料上报开封供电公司监察部。

4.7 公司所属单位相关职能部门

4.7.1 参与配合效能监察工作,通报相关情况,提供相关资料。

4.7.2 落实针对本部门的效能监察建议或决定。

4.7.3 向监察部门提出意见、建议。

4.8 公司及所属单位监察对象

4.8.1 根据监察通知书进行自查,完成自查报告。

4.8.2 提供相关资料,配合监察人员进行检查。

4.8.3 根据监察建议书或决定书制定整改措施,完成整改报告,认真落实整改。

5 管理内容与方法

5.1 本标准依据的流程

效能监察管理流程见附录 A。

5.2 总则

5.2.1 效能监察的重点内容

5.2.1.1 监督检查监察对象遵守国家法律法规和企业规章制度,执行管理程序、业务流程、工作标准和岗位规范,贯彻落实“开封供电公司化运作、集约化发展、精益化管理、标准化建设”的要求,针对存在的问题,会同相关职能部门提出监察建议或决定。

5.2.1.2 参与调查违反国家法律法规和企业管理制度造成重大损失和不良影响的有关问题,依法追究有关人员责任。

5.2.1.3 参与调查处理重大、特大安全责任事故,促进电网稳定运行。

5.2.1.4 及时发现违规违纪违法线索,移交有关部门处理,督促企业依法经营和监察对象廉洁从业。

5.2.1.5 督促监察建议或决定的落实,纠正行为偏差,堵塞管理漏洞,健全机制制度,促进企业规范管理。

5.2.1.6　职工关心和反映强烈的热点问题。

5.2.1.7　上级监察部门统一部署的效能监察项目。

5.2.1.8　其他需要监察的事项。

5.2.2　效能监察形式

5.2.2.1　按照监察范围,效能监察分为专项监察和综合监察。

a)专项监察是对某一项目或某一内容进行重点监察;

b)综合监察是对某个单位进行全面监察。

5.2.2.2　按照监察时间,效能监察分为事前监察、事中监察、事后监察。

a)事前监察,以预防为主,着重体现在决策阶段,听取各方面意见,预计可能发生的问题,制定落实防范措施,防止决策失误;

b)事中监察,以检查任务完成情况为主,着重体现在执行阶段,与有关职能部门配合,监督检查决策的执行情况,及时纠偏,堵塞漏洞;

c)事后监察,以查纠问题为主,着重体现在任务完成以后,查纠问题,分清责任,做出处理。

5.2.3　效能监察基本方法

5.2.3.1　直接参与法。监察部门直接参与到重要会议,重大问题决策、重大工程项目承包、发包及验收,重大经济合同签订,重要物资材料采购等经营管理活动中来,在参与中对监察对象履职情况进行监督检查,及时发现问题,纠正偏差。

5.2.3.2　资料分析法。监察部门运用会计、统计、法律知识,对监察对象在管理过程中所制定的规章制度,做出的各项决策部署,发布的各类文件、工作安排,形成的各种账目、单据、统计报表等资料,进行综合分析研究,以判断规章制度是否完善、合理、适用,管理行为是否规范,评价管理效能的高低,找出影响效能发挥的原因,提出改进对策。

5.2.3.3　效能审计法。对企业经济效益、社会效益进行审计,对企业人力、物力、财力资源的使用效率进行审计,对企业某些项目的计划、方案执行结果是否实现预期效果进行审计,以审计结果评价监察对象的管理效能。

5.2.3.4　目标考核法。对监察对象组织制定的管理计划、指标和要求以及完成计划、指标,达到规定要求的情况进行监督检查。目标考核分定性考核和定量考核两种。其中,定性考核是对计划、指标、要求的确定是否合法合理,实现计划、指标、要求是否认真,进行评价。定量考核是对完成计划、指标,实现规定要求的数量,进行评价,以确定监察对象是否按时、保质、保量地完成确定的计划要求。

5.2.3.5　因果分析法。对监察对象履职行为的结果进行科学分析,查找问题产生的原因;或根据情况,推断出可能产生的结果。

5.2.3.6　调查研究法。多渠道调查监察对象履职行为,系统、全面地掌握情况,进行综合研究分析,为准确判断监察对象的履职行为提供依据。

5.2.3.7　民意测验法。通过当面测验、书面测验等形式向监察对象所在单位的有关人员征询意见,听取对监察对象履职行为的反映。

5.2.3.8　专家评估法。组织有关专家对监察对象所从事工作特别是专业性很强的管理项目,进行分析评价,以便对其履职行为作出准确、客观的判断。

5.3 制定效能监察工作意见

根据上级部署，公司监察部于每年年初拟定开封供电公司年度效能监察工作意见，经监察部主任审核、公司总经理批准后印发。监察部依据公司年度效能监察工作意见，开展效能监察工作。

5.4 选题立项

5.4.1 根据上级主管部门统一要求，所属单位负责人指定项目或由监察部门自定项目，确立效能监察项目。

5.4.2 选题立项时，公司监察部效能监察专责应撰写可行性报告、填写立项审批表（见附录 B 表 B.1）。可行性报告应对立项的意义、成效预期及对企业经济效益的影响，有明确的分析和预测。

5.4.3 公司效能监察立项可行性报告、立项审批表应报请本单位行政主要负责人审批后，方可组织实施，并于每年 4 月 15 日前报公司监察部。

5.4.4 选题立项工作完成后，公司监察部汇总《国家电网公司效能监察立项情况统计表》（见附录 B 表 B.2），经主任审核、总经理批准，按照国网公司纪检监察［2009］4 号《国家电网公司效能监察办法》规定于 4 月 30 日前上报河南省电力公司。

5.5 制定方案

5.5.1 监察项目批准立项后，监察部应组织成立效能监察项目领导小组和工作小组。领导小组负责研究部署并指导和组织检查效能监察工作，协调效能监察工作关系，处理与效能监察工作有关的重大事宜；工作小组负责效能监察的具体实施工作，以效能监察人员为主，相关职能部门派人参与，或者聘请具有专门知识、技术的人员参加。与效能监察项目有利害关系或者有其他关系可能影响公正监察的，不得成为工作小组成员。

5.5.2 监察部门对效能监察工作小组成员进行相关专业知识、法律法规和企业规章制度的培训。

5.5.3 效能监察专责负责制定实施方案，应掌握监察项目的主要业务流程和关键岗位职责，找准主要监察点，明确监察依据、监察目的、组织领导、工作内容、具体要求、时间安排和方法步骤等。实施方案应经主任审核、行政主要负责人批准。

5.5.4 监察部门向监察对象送达效能监察通知书（见附录 B 表 B.3），监察对象所在职能部门（单位）应提供必需的工作条件。

5.6 组织实施

5.6.1 开展检查。

5.6.2 监察对象接到效能监察通知书后，组织自查，并写出自查报告。

5.6.3 效能监察工作小组依据效能监察项目实施方案规定的内容、方法和步骤进行监督检查，填写《效能监察工作记录表》（见附录 B 表 B.4）。

5.6.4 效能监察工作小组向监察对象反馈检查情况，听取意见，并予以确认。

5.6.5 效能监察工作小组会同相关职能部门对发现的行为偏差和管理缺陷进行分析，并查找其在体制、机制和制度等方面的原因，研究提出监察建议或监察决定的意见。

5.6.6 拟定监察报告

效能监察项目实施后,效能监察工作小组应当实事求是、客观公正地拟定效能监察报告,报行政主要负责人批准。效能监察报告内容包括监察依据、监察过程、发现的行为偏差和管理缺陷、管理控制制度分析、监察建议和监察决定等。

5.6.7 监察建议和监察决定

5.6.7.1 效能监察工作小组针对发现的问题,提出监察建议书或作出监察决定书(见附录B表B.5、表B.6),经行政主要负责人批准后,送达监察对象。具体按下列要求处理:

a)效能检察工作小组对查明的下列尚不够作出纪律处分的行为偏差事实,报批后,提出监察建议,并以书面形式送达监察建议书(见附录B表B.5):

①拒不执行或违反法律法规、企业规章制度,以及重要决策、决议、决定,应予纠正的;

②经营管理决策、计划、指令以及生产经营管理活动不适当,应予纠正或应予撤销的;

③给企业利益和职工权益造成损害,需采取经济赔偿、消除影响等补救措施的;

④违反工作原则和组织程序,选拔、录用、任免、奖惩干部决定明显不适当,应当予以纠正的;

⑤制度体系不够健全,存在管理缺陷的;

⑥其他需要提出监察建议的。

b)监察工作小组对查明的下列尚未涉嫌犯罪的违规违纪事实,报批后,作出监察决定,并以书面形式送达监察决定书(见附录B表B.6):

①违反法律法规和企业规章制度,按照人事管理权限应当给予相关责任人纪律处分的;

②违反纪律,不按规定追缴,或者不按规定退赔非法所得的;

③已经给企业利益造成损害,未采取补救措施的;

④其他需要作出监察决定的。

5.6.7.2 监察对象应当在收到监察建议书或监察决定书之日起15日内提出落实意见,并书面回复整改或执行情况,监察部门将进行跟踪监督检查。

5.6.7.3 对监察决定有异议的,可在收到监察决定书之日起15日内向监察部门申请复审;复审应在收到复审申请之日起的30个工作日内完成。复审期间,不中止原决定执行。

5.6.7.4 发现违反法律法规或党规党纪线索的,由纪检监察部门按程序进行处理或移送司法机关处理。

5.6.8 跟踪落实

效能监察工作小组应对监察建议或决定的执行情况进行跟踪检查。必要时,可将监察结果及整改情况抄送给纪检、人事等部门,作为单位和干部业绩考评的重要依据之一。

5.7 成果评审

5.7.1 每年10月,监察部门完成效能监察项目报告的撰写工作,统计数据,总结经验,理清下一步工作思路,并经本单位行政主要负责人批准后,上报上级监察部门。监察部门上报本单位成果项目报告材料时,应按照《国网公司效能监察优秀成果项目评选办法》规定,同时填报效能监察优秀成果项目申报表(见附录B表B.7)等相关资料。

5.7.2　监察部门按照《国网公司效能监察优秀成果项目评选办法》组织有关专家，从选题立项的精准度、程序执行的规范性、综合效益的显著性等方面，对效能监察项目进行评审。公司监察部每年10月底前组织对公司效能监察优秀成果进行评选，并推荐上报省公司和国家电网公司。

5.8　总结归档

5.8.1　每年6月20日、11月20日前，公司监察部对本单位效能监察工作进行总结，并上报省公司纪检组。

5.8.2　公司监察部每年6月底、12月底前，完成效能监察工作总结，经总经理审批后，上报省公司和国家电网公司。

5.8.3　建立效能监察档案。卷宗应包括可行性报告、立项表、实施方案、监察通知书、监察建议书、监察决定书、整改报告、结项审定表（见附录B表B.8）、评审报告、工作总结等原始资料，以及有重要价值的过程资料。效能监察项目实施以后，监察部认真汇总情况，及时向上报送《国家电网公司效能监察实施情况统计表》（见附录B表B.9）。

6　检查与考核

6.1　检查与考核内容

6.1.1　公司监察部每年对所属各单位效能监察工作完成情况进行检查，并通报检查结果。

6.1.2　公司对在效能监察工作中做出突出成绩的部门、单位，应给予表彰或奖励。

6.1.3　对效能监察工作不力或未能完成工作任务的，纳入年度党风廉政建设责任考核。

6.2　主要考核指标

表1列出了效能监察管理的主要考核指标。

表1　效能监察管理的主要考核指标

序号	考核指标	考核标准	负责岗位	所属部门	监督部门
1	计划执行率	100%	监察员	公司监察部、所属各单位	监察部
2	总结上报率	100%	监察员	公司监察部、所属各单位	监察部

7　报告与记录

表2给出了执行本标准形成的报告和记录。

表2　效能监察管理报告与记录

序号	报告与记录编号	报告与记录名称	填写人	保存地点	保存形式	保存期限
1	Q/GDW1714 2130202—2010 - R01	效能监察工作意见	效能监察	监察部	电子文档	2年
2	Q/GDW1714 2130202—2010 - R02	效能监察半年、年度工作总结	效能监察	监察部	电子文档	2年
3	Q/GDW1714 2130202—2010 - R03	效能监察立项审批表	效能监察	监察部	纸质文本	10年
4	Q/GDW1714 2130202—2010 - R04	效能监察通知书	效能监察	监察部	纸质文本	10年
5	Q/GDW1714 2130202—2010 - R05	效能监察建议书	效能监察	监察部	纸质文本	10年
6	Q/GDW1714 2130202—2010 - R06	效能监察决定书	效能监察	监察部	纸质文本	10年
7	Q/GDW1714 2130202—2010 - R07	效能监察工作记录表	效能监察	监察部	纸质文本	10年
8	Q/GDW1714 2130202—2010 - R08	效能监察项目结项审定表	效能监察	监察部	纸质文本	10年
9	Q/GDW1714 2130202—2010 - R09	效能监察优秀成果项目申报表	效能监察	监察部	纸质文本	10年
10	Q/GDW1714 2130202—2010 - R010	效能监察总结评估报告	效能监察	监察部	纸质文本	10年
11	Q/GDW1714 2130202—2010 - R011	国家电网公司效能监察立项情况统计表	效能监察	监察部	纸质文本	10年
12	Q/GDW1714 2130202—2010 - R012	国家电网公司效能监察实施情况统计表	效能监察	监察部	纸质文本	10年

附录 A
（规范性附录）
效能监察管理流程

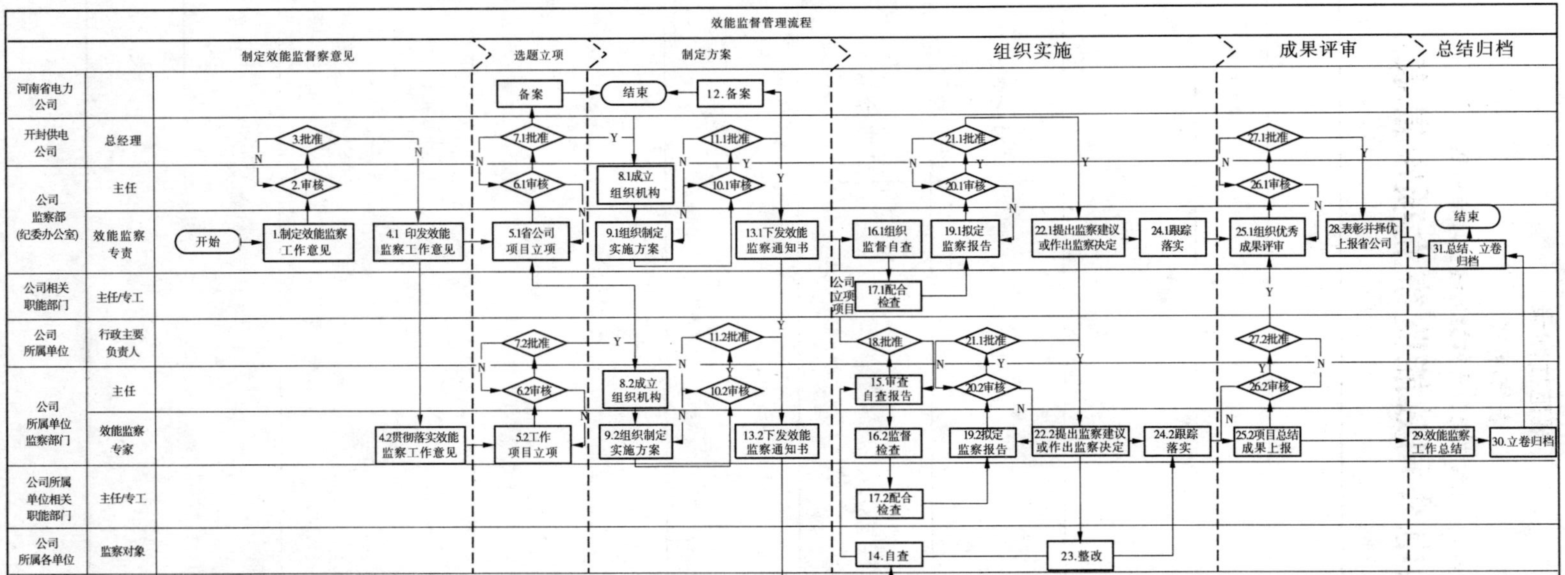

基础资料

1.效能监察立项审批表
2.效能监察通知书
3.效能监察立项审批表
4.效能监察建议书
5.效能监察决定书
6.效能监察工作记录表
7.效能监察优秀成果项目申报表
8.效能监察总结评估报告

过程描述

效能监察管理流程由公司监察部(纪委办公室)归口管理。
节点1:公司监察部根据上级部署，每年年初制订年度效能监察工作意见。
节点2:监察部主任对效能监察工作意见进行审核。
节点3:年度效能监察工作意见报省公司总经理批准。
节点4.1、4.2:公司总经理批准后的工作意见印发所属单位贯彻落实。
节点5.1、5.2:根据上级主管部门统一要求，行政负责人指定项目或由监察部门自定项目，公司监察部确立效能监察项目立项，并填报效能监察立项审批表。
节点6.1、6.2:立项经监察部主任审核，并报单位行政主要负责人批准。
节点7.1、7.2:立项经单位行政主要负责人批准，公司项目立项由公共司监察部报省公司备案，五县供电局(公司)项目立项报公司监察部备案汇总。
节点8.1、8.2:公司监察部主任牵头组织成立效能监察项目领导小组和工作小组。
节点9.1、9.2:公司和监察部效能监察专责组织制定效能监察实施方案。
节点10.1、10.2:实施方案经监察部主任审核，并报单位行政主要负责人批准。
节点11.1、11.2:实施方案经单位行政主要负责人批准。
节点12:公司年度效能监察实施方案报省公司备案。
节点13.1、13.2:向监察对象送达效能监察通知书，相关部门(单位)提供效能监察必需的工作条件。
节点14:所属单位监察对象自查。
节点15:监察部主任审查自查报告，对监察对象自查发现的行为偏差与管理缺陷进行审核和确认。
节点16.1、16.2:公司监察部依据效能监察项目实施方案规定的方法和步骤，组织对监察对象自查情况进行监督检查。
节点17.1、17.2:公司所属单位相关职能部门配合检查。
节点18:公司自行立项的效能监察项目，由单位行政主要负责人批准后，报送省公司纪检组。
节点19.1、19.2:公司效能监察专责拟定效能监察报告。
节点20.1、20.2:公司监察部主任审核效能监察报告。
节点21.1、21.2:效能监察报告由公司行政主要负责人批准。
节点22.1、22.2:针对发现的问题，提出监察建议或作出监察决定。
节点23:针对发现的问题，监察对象进行整改。
节点24.1、24.2:对监察建议或决定的执行情况进行跟踪检查。
节点25.1、25.2:公司对效能监察工作进行项目总结和成果上报。
节点26.1、26.2:效能监察总结评审及成果申报经监察部主任审核。
节点27.1、27.2:效能监察总结评审及成果申报经单位行政主要负责人批准。
节点28:公司年度效能监察优秀成果项目报省公司参加评审及表彰。
节点29:完成效能监察工作总结报告。
节点30:完成效能监察工作资料归档。
节点31:完成效能监察工作总结、立卷、归档。

图 A.1　效能监察管理流程图

附录B
（规范性附录）
表样格式

表 B.1　开封供电公司效能监察立项审批表

开封供电公司效能监察立项审批表

填报单位：　　　　　　　　　　　　　　　　　　　　　　　　　　　　　年　　月　　日

<table>
<tr><td colspan="2">项目名称</td><td colspan="3"></td></tr>
<tr><td colspan="2">立项依据</td><td colspan="3"></td></tr>
<tr><td colspan="2">计划实施
起止时间</td><td colspan="3"></td></tr>
<tr><td colspan="2">项目组织实施单位
（部门）</td><td></td><td>具体负责人</td><td></td></tr>
<tr><td colspan="2">项目协办单位
（部门）</td><td></td><td>具体负责人</td><td></td></tr>
<tr><td colspan="2">被监察单位
（部门）</td><td colspan="3"></td></tr>
<tr><td rowspan="3">计划实施方案</td><td>监察目的</td><td colspan="3"></td></tr>
<tr><td>监察范围</td><td colspan="3"></td></tr>
<tr><td>监察内容</td><td colspan="3"></td></tr>
</table>

<table>
<tr><td rowspan="3">计划实施方案</td><td>监察方法</td><td></td></tr>
<tr><td>监察步骤</td><td></td></tr>
<tr><td>监察要求</td><td></td></tr>
<tr><td colspan="2">监察部门意见</td><td>负责人(签字)　　　　年　月　日</td></tr>
<tr><td colspan="2">单位领导审批意见</td><td>负责人(签字)　　　　年　月　日</td></tr>
<tr><td colspan="2">备注</td><td></td></tr>
</table>

表 B.2　国家电网公司效能监察立项情况统计表

国家电网公司效能监察立项情况统计表

单位:(盖章)　　　　　　　　　　　　　　　　　　　　　　　　年　　月　　日

序号	立项单位	项目名称	计划完成时间

填表人:　　　　　　　　　　　　审核人:　　　　　　　　　　联系电话:

表 B.3　开封供电公司效能监察通知书

开封供电公司效能监察通知书

×监通[　]号

关于××××的通知

××单位(部门)：

经研究，决定于______年______月______日至______年______月______日期间，对你单位××××工作实施效能监察。现将有关事宜通知如下：

第一部分：监察的内容；

第二部分：监察的要求。

特此通知。

×××效能监察领导小组工作办公室(监察部门盖章)

年　月　日

表 B.4　开封供电公司效能监察工作记录表

开封供电公司效能监察工作记录表

单位(盖章):　　　　　　　　　　　　　　　　　　　　　　年　　月　　日

项目名称			
被监察单位		监察时间	
监察内容		监察人员	
监察方法			
监察情况			
存在问题			
监察建议			
整改情况			
审核情况	负责人(签字)　　　　　　　年　　月　　日		

表 B.5　开封供电公司效能监察建议书

开封供电公司效能监察建议书

×监建[　　]号

关于××××的建议

本监察建议书适用于《国家电网公司效能监察办法》第十四条所列情形认为需要提出监察建议的。

第一部分:监察对象及所在单位基本情况;

第二部分:监察部门所认定的事实、证据以及有关依据;

第三部分:提出的监察建议。

请于________年______月______日前将办理结果函告我处。若有异议,可自收到本监察建议书之日起十五日内提出。

×××效能监察领导小组工作办公室(监察部门盖章)

年　　月　　日

表 B.6　开封供电公司效能监察决定书

开封供电公司效能监察决定书

×监决[　]号

关于××××的决定

本监察建议书适用于《国家电网公司效能监察办法》第十五条所列情形认为需要提出监察决定的。

第一部分:违纪人员基本情况;

第二部分:监察部门所认定的事实、证据以及有关依据;

第三部分:作出的监察决定。

对本监察决定不服的,可自收到本监察决定书之日起十五日内提出复审申请。

×××效能监察领导小组工作办公室(监察部门盖章)

年　月　日

表 B.7　开封供电公司效能监察优秀成果项目申报表

开封供电公司效能监察优秀成果项目申报表

单位(盖章)：　　　　　　　　　　　　　　　　　　　　年　月　日

<table>
<tr><td>项目名称</td><td colspan="4"></td></tr>
<tr><td>立项时间</td><td colspan="2"></td><td>完成时间</td><td></td></tr>
<tr><td>实施情况</td><td colspan="4"></td></tr>
<tr><td rowspan="8">项目实施成效</td><td>社会效益</td><td colspan="3"></td></tr>
<tr><td>廉政效益</td><td colspan="3"></td></tr>
<tr><td rowspan="2">经济效益</td><td>挽回经济损失(万元)</td><td>避免经济损失(万元)</td><td>增加直接效益</td></tr>
<tr><td></td><td></td><td></td></tr>
<tr><td rowspan="2">管理效益</td><td>提出监察建议(件)</td><td>采纳监察建议(件)</td><td>协助建章建制(项)</td></tr>
<tr><td></td><td></td><td></td></tr>
<tr><td rowspan="3">综合评价</td><td>业务主管部门意见</td><td colspan="3">负责人签章　年　月　日</td></tr>
<tr><td>监察部门意见</td><td colspan="3">负责人签章　年　月　日</td></tr>
<tr><td>本单位意见</td><td colspan="3">负责人签章　年　月　日</td></tr>
</table>

填表人：　　　　　　　　审核人：　　　　　　　　联系电话：

表 B.8　开封供电公司效能监察项目结项审定表

开封供电公司效能监察优秀成果项目申报表

填报单位：　　　　　　　　　　　　　　　　　　　　　填报日期：　　年　　月　　日

单位（盖章）：　　　　　　　　　　　　　　　　　　　　　年　　月　　日

项目名称		
项目实施起止时间		
被监察单位（部门）		
监察效果	发现和整改问题情况：	
	建章立制、改进管理情况：	
	实现经济效益情况：	
	查处违规违纪违法问题情况：	
被监察单位意见	负责人（签字）　　年　　月　　日	
业务主管部门意见	负责人（签字）　　年　　月　　日	
监察部门意见	负责人（签字）　　年　　月　　日	
单位领导审批意见	负责人（签字）　　年　　月　　日	
备注		

表 B.9　国家电网公司效能监察实施情况统计表

国家电网公司效能监察实施情况统计表

填报单位：　　　供电公司

统计类别：(　　　　)

立项总数	项	其中，本级立项	项	二级企业立项	项	
工作效果	发现案线索	个		其中立案		个
	处理人员总数	人	其中，党政纪处分	人	移送司法机关	人
	建章立制	个	提出监察建议	条 其中，被采纳　条	作出监察决定	个
	查出违纪金额	万元	挽回经济损失	万元	节约资金	万元
			避免损失	万元	增加效益	万元
	理论研讨			次	撰写论文经验材料	篇

审计管理部分

干部任期经济责任审计管理标准

Q/GDW1714 2130301—2010

前　言

本标准为规范开封供电公司干部任期经济责任审计管理而制定。

本标准按照 GB/T 1.1—2009 给出的规则起草。

本标准中的附录 A 为规范性附录。

本标准由开封供电公司标准化建设委员会提出并归口。

本标准由开封供电公司审计部组织起草编制。

本标准起草人:周晓玲

本标准编审组审核人:仓华

本标准专业审核人:仓华

本标准标准化建设办公室审核人:胡昆岭　郑罡　高鑫　张白　朱峰　高付良　申文琰　周世华

本标准审定人:张维斌

本标准批准人:郑盾

本标准由开封供电公司标准化建设委员会委托审计部负责解释。

本标准首次发布。

1　范围

本标准规定了开封供电公司干部任期经济责任审计管理的规范性引用文件、职责与权限、审计范围和内容、审计程序及监督与考核等要求,包括届中审计和离任审计。

本标准适用于开封供电公司所属各单位、光利高科实业有限责任公司的干部任期经济责任审计管理。五县局(公司)对其下属单位负责人任期经济责任审计,参照本标准执行。

2　规范性引用文件

下列文件中的条款通过本标准的引用而成为本标准的条款。凡是注日期的引用文件,其随后所有的修改单(不包括勘误的内容)或修订版均不适用于本标准,然而,鼓励依据本标准达成协议的各方研究是否可使用这些文件的最新版本。凡是不注日期的引用文件,其最新版本适用于本标准。

《中华人民共和国审计法》

《国有企业及国有控股企业领导人员任期经济责任暂行规定》(中办发[1999]20 号)

《河南省电力(网)公司任期经济责任审计办法(试行)》

《开封市供电公司内部审计工作规定》

3　职责与权限

任期经济责任审计按照干部管理权限实行“谁任命、谁审计”的原则,由公司总经理下达审计指令,开封供电公司审计部负责所属各单位领导干部的任期经济责任审计。审计部职责如下:

a)任期经济责任审计的对象,由人力资源部在当年10月提出,次年经公司领导批准后,审计部编制年度任期经济责任审计计划,并具体组织实施。未列入年度计划的急需审计对象,由人力资源部同审计部协商,并提请公司总经理授权、批准后实施。

b)对列入审计范围的领导干部,应有计划地分期、分批进行任期经济责任审计,实行先审计后离任的原则。领导干部在任期届满、调任、免职、解聘、退休前,以及任职单位发生资产重组、破产等重大变动时,必须按照本标准进行审计。

c)任期经济责任审计必须由公司审计部负责实施。公司审计部直接组织审计组实施审计,审计组成员可以从公司审计、财务、生计等相关部门抽取。

4　审计范围和内容

干部任期经济责任审计的范围和内容如下:

a)资产、负债、权益的真实性。

b)国有资产的管理、使用及其保值增值指标完成情况。

c)各项经营目标(上级主管部门批准的计划)的完成情况,是否存在短期行为。

d)企业内部管理制度的健全、有效性。

e)评价企业经营管理水平(包括经营领域开拓,市场、人才开发,现代化管理方法的应用)。

f)国家经济政策、财经法规的贯彻执行以及认为需要审计的其他内容。

5　审计程序

干部任期经济责任审计的流程如下:

a)审计部根据国家相关法规、国家电网公司和省公司相关规定,制定公司干部任期经济责任审计管理标准。

b)审计部在组织实施审计前,应开展审前调查,编制审计工作方案,各有关部门应积极予以配合。在审计实施5日前,向被审计单位送达审计通知书,同时抄送被审计的领导干部本人。

c)审计组进驻被审计单位后,应召开由公司审计部、被审计人员、被审计单位领导班子成员、被审计单位班组长以上管理人员(职工代表,人数少的单位为全体职工)等参加的进点会,明确审计的目的、意义、方法和要求。会议宣读总经理指令、审计通知书和审计纪律。被审计的领导干部应按照审计要求宣读本人的述职报告。

d)审计部在实施任期经济责任审计过程中,应把离任审计与届中审计、领导干部经济责任审计与被审计单位的财务收支审计、资产经营责任审计及全面预算管理审计等结合起来,可以采取书面、座谈等形式,就被审计的领导干部任期经济责任审计内容中的有关问题,向有关单位和个人进行询问调查,有关单位和个人应积极配合。

e)审计现场工作结束以后,审计组组长或主审人要对审计组其他成员的审计工作底稿进行复核,主要复核审计人员是否运用恰当的审计方法执行了预定审计程序,实现了审计目标;审计证据是否充分,是否对已完成的工作和形成的结论作了充分的审计记录。复核后根据需要编写复核记录,上报审计部负责人。

f)审计部负责人要对审计中的重要事项,予以必要的关注及指导,并对审计组负责人编写的复核记录进行审核,签署复核意见。

g)审计部在实施任期经济责任审计过程中,遇有涉及职权范围以外的问题时,应根据事实情况,形成书面报告,汇报公司相关领导。

h)现场审计实施阶段结束时,审计组应根据审计工作底稿及其他审计资料进行综合分析,撰写审计报告。审计报告应包括:

①实施审计工作的基本情况,包括审计依据、范围、内容、方法等。

②简述被审计的领导干部工作职责和被审计单位概况。

③被审计的领导干部任职期间的主要经营业绩、企业财务状况和发展能力、内控制度的建立健全及执行情况的综合评价。

④审计中发现被审计单位领导干部和被审计单位违反国家财经法规和廉政规定的主要问题。

⑤审计中发现被审计单位领导干部和被审计单位违反国家财经法规和廉政规定的主要应负的责任,按照直接责任和主管责任进行责任分析。

⑥审计建议。

⑦需要反映的其他情况。

i)审计组应就审计报告中的主要内容,书面征求被审计的领导干部和被审计单位的意见。被审计的领导干部和被审计单位,自收到审计报告征求意见书之日起,需在10日内以书面形式向审计组反馈意见。

j)对其提出的异议,经审计组核实后,对审计报告作必要的修改。无异议后,被审计单位领导在审计报告征求意见书上签字,并盖被审计单位公章。

k)审计组应及时将审计报告报送审计部,并附送对领导干部任职期内的经济责任履行情况的评价及被审计的领导干部和被审计单位的书面反馈意见。

l)审计部根据总经理批示,向被审计单位下达审计意见书。领导干部及被审计单位应认真执行审计意见,并将审计意见落实情况在收到审计意见书之日起30日内,以书面形式上报审计部,同时抄报有关部门。

6　监督与考核

干部任期经济责任审监督考核要求如下:

a)审计部对干部任期经济责任审计过程进行督导、监督。

b)发展策划部对干部任期经济责任审计过程完成情况进行考核,纳入月度绩效工资进行奖惩考核。

c)公司领导对干部任期经济责任审计质量进行评价,纳入月度绩效工资进行奖惩考核。

附录 A
（规范性附录）
干部任期经济责任审计管理流程

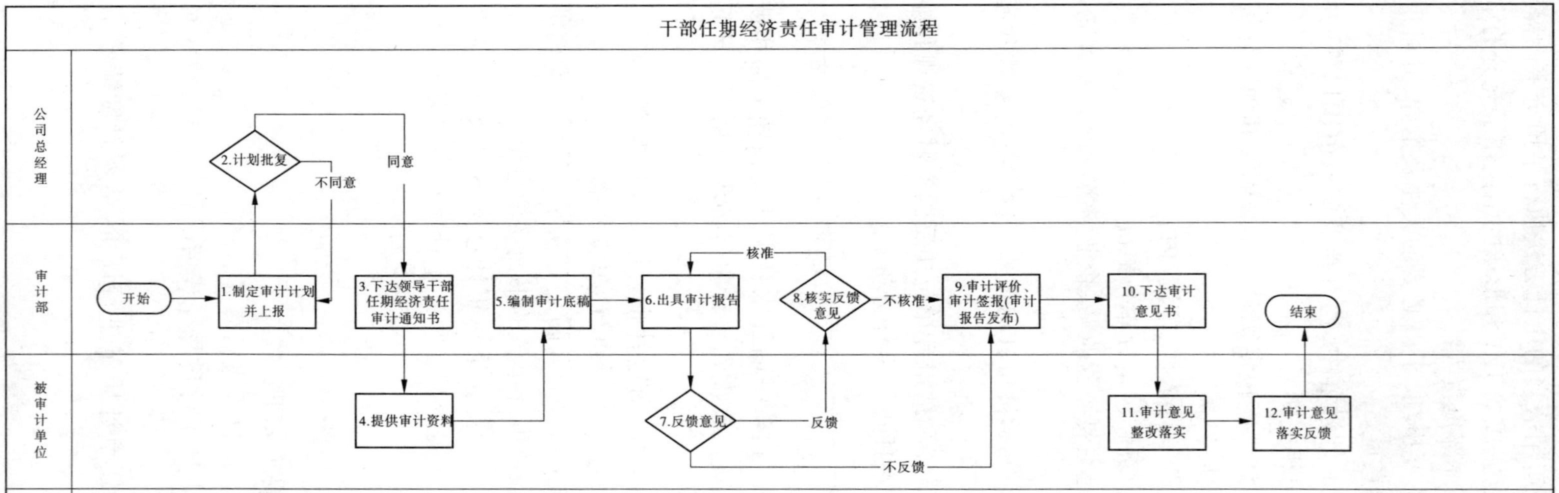

基础资料	1.审计通知书 2.审计底稿 3.审计报告 4.审计意见书
过程描述	节点1、2：审计部制定审计计划并上报公司总经理批复。 节点3:审计部下达领导干部任期经济责任审计通知书。 节点4:被审计单位提供审计资料。 节点5:审计组编制审计底稿。 节点6:审计组出具审计报告。 节点7:被审计单位对审计报告提供书面反馈意见。 节点8:审计组对被审计单位书面反馈意见核实。 节点9:审计组进行审计评价、审签报（审计报告发布）。 节点10:审计组下达审计意见书。 节点11、12:被审计单位对审计意见进行整改落实及反馈。

图 A.1　干部任期经济责任审计管理流程图

内部审计管理标准

Q/GDW1714 2130302—2010

前　言

本标准为规范开封供电公司内部审计管理而制定。

本标准按照 GB/T 1.1—2009 给出的规则起草。

本标准中的附录 A 为规范性附录。

本标准由开封供电公司标准化建设委员会提出并归口。

本标准由开封供电公司审计部组织起草编制。

本标准起草人:周晓玲

本标准编审组审核人:仓华

本标准专业审核人:仓华

本标准标准化建设办公室审核人:胡昆岭　郑罡　高鑫　张白　朱峰　高付良　申文琰　周世华

本标准审定人:张维斌

本标准批准人:郑盾

本标准由开封供电公司标准化建设委员会委托审计部负责解释。

本标准首次发布。

1　范围

本标准规定了开封供电公司内部审计管理的规范性引用文件、职责与权限、管理内容与方法、监督与考核等要求。

本标准适用于开封供电公司内部审计管理。

2　规范性引用文件

下列文件中的条款通过本标准的引用而成为本标准的条款。凡是注日期的引用文件,其随后所有的修改单(不包括勘误的内容)或修订版均不适用于本标准,然而,鼓励根据本标准达成协议的各方研究是否可使用这些文件的最新版本。凡是不注日期的引用文件,其最新版本适用于本标准。

《中华人民共和国审计法》	1994 年 8 月 31 日
《中华人民共和国会计法》	1993 年 12 月 21 日
《企业国有资产监督管理暂行条例》	2003 年 6 月 5 日
《中华人民共和国公司法》	1994 年 7 月 1 日
《中华人民共和国电力法》	1996 年 4 月 1 日

《国家电力公司内部审计实施办法》　　国家电力公司国电审(1997)150 号
《国家电力公司同级审计的规定》　　国家电力公司国电审(1997)150 号
《关于内部审计工作的规定》　　审计署　　2003 年 2 月 10 日
《河南省电力(网)公司内部审计管理规定》

3　职责与权限

3.1　公司总经理

开封供电公司总经理对公司审计工作负责。

公司所属各级审计机构,受本单位行政主要负责人和上级审计机构的双重领导,要对本单位行政主要负责人及上级审计机构负责并报告工作。

3.2　审计部

公司审计部对公司本部及各级单位审计机构设立,对审计人员、审计工作内容、审计程序等进行业务督导、考核等。审计机构应对本级及所管单位的下列事项进行审计:

3.2.1　对本单位及所属单位年度财务计划和全年预算管理执行情况以及财务收支和年终决算进行审计。

3.2.2　对本单位及所属单位资产、负债、损益情况的真实性、合规性进行审计。

3.2.3　对本单位及所属单位生产、基建、技改、业务扩充、大修、财务、专项基金等收支(预算)计划执行情况进行审计。

3.2.4　对本单位及所属单位基本建设、更新改造、大修、业务扩充等工程概(预)、决算进行审计。

3.2.5　对本单位签订的借款、投资、担保等合同、协议进行审计。

3.2.6　根据“先考核,后兑现”的原则,对承担有经营指标的部门和单位指标完成情况进行审计。

3.2.7　根据“先审计,后兑现”的原则,对实行年薪制的所属单位进行审计。

3.2.8　根据“谁任命,谁审计”、“先审计,后任命,后离任”的原则,对所属单位主要负责人进行任期经济责任的届中、届满或离任审计。

3.2.9　对内部控制制度和其他各项管理措施的健全性、有效性进行审查、评价。

3.2.10　根据单位领导和上级审计部门安排,对用电营销开展审计调查。

3.2.11　根据单位负责人指令,对重要经营问题开展审计调查,为领导决策提供依据。

3.2.12　审计部针对各项审计结果出具审计报告,上报公司总经理审批后下文。

4　管理内容与方法

4.1　计划报批

根据上级指令、领导交办及本单位实际情况制定年度审计计划,经单位主管领导批准后执行。

4.2　审前准备

4.2.1　审前调研及准备工作。

4.2.2　下达审计通知书。

4.2.3　编制具体审计方案。

4.3　审计工作实施

4.3.1　进点后首先召开与被审计单位见面会，审计组长宣读审计通知书，提出有关审计工作要求和审计自律纪律，听取被审计单位的自查报告或述职报告或情况介绍。

4.3.2　实施现场审计工作。根据审计通知书要求搜集有关资料和借阅被审计单位会计及有关资料，并办理借阅手续；通过审阅核对，调查询问，座谈了解，核查实物等方法实施审计。

4.3.3　针对审计事项，编制审计工作底稿。

4.3.4　审计实施过程中，对被审计单位正在进行的严重违反财经法规、严重损失浪费行为，可做出临时制止的决定；对阻挠、防碍审计工作以及拒绝提供有关资料的，可采取必要的临时措施，并提出追究有关人员责任的建议。

4.3.5　审计机构负责人应当采取有效方式和途径，对审计组的审计工作情况进行监督检查。

4.4　出具审计报告

4.4.1　审计组在审计实施阶段完成以后的10日内，向审计机构提出审计报告。审计报告由审计组长（主审人员）撰写并进行初步审核，然后交由相关业务科室负责人进行复核，最后报审计机构负责人审定。反映重大情况或严重问题的审计报告，应当报审计委员会集体审定。

4.4.2　审计报告的主要形式和内容：标题；主送单位；审计的内容、范围、方式、时间；与审计事项有关的概况；审计证实的情况和问题，主要结果应确定数量、金额、性质；对违反财经法规行为的定性、处理、处分、建议及其财经政策、法规依据；审计评价和处理意见；对被审计单位改进经营管理的建议；审计组长签字；报告日期。

4.4.3　审计组在提出审计报告的同时，如认为被审计单位违纪的直接责任人员应当承担行政或刑事责任，须经审计机构负责人同意后，方可向主管领导提出处理建议书。

4.4.4　审计报告形成后，应出具审计报告征求意见书，附审计报告征求被审计单位的意见。

4.4.5　被审计单位自收到审计报告之日起10日内，提出书面意见。被审计单位对审计报告有异议的，审计组应进一步核实、取证。如有必要，应当修改审计报告。被审计单位无异议后，其法定代表人应在审计报告征求意见书上签字并加盖单位公章。

4.5　审计终结阶段

审计报告征求意见后，对违反国家有关财经法规、政策与企业规章制度的行为，需要进行处理处罚的，根据领导对审计报告的审定意见，由审计机构代拟审计意见书和审计决定（不做处罚的项目只代拟审计意见书），下达审计决定。

4.6　审计意见整改

审计机构本着“审而要究，审而要改，审而要用”的原则，对所承办的重要审计项目，根据需要对审计意见书和审计决定中规定的事项应在项目审计终结30日后，指定专人进行回访检查，保证审计工作发挥应有效力。

5 监督与考核

5.1 审计部对内审管理过程进行督导、监督。

5.2 发展策划部对内审管理过程完成情况进行考核,纳入月度绩效工资进行奖惩考核。

5.3 公司领导对内审管理质量进行评价,纳入月度绩效工资进行奖惩考核。

附 录 A
（规范性附录）
内部审计管理流程

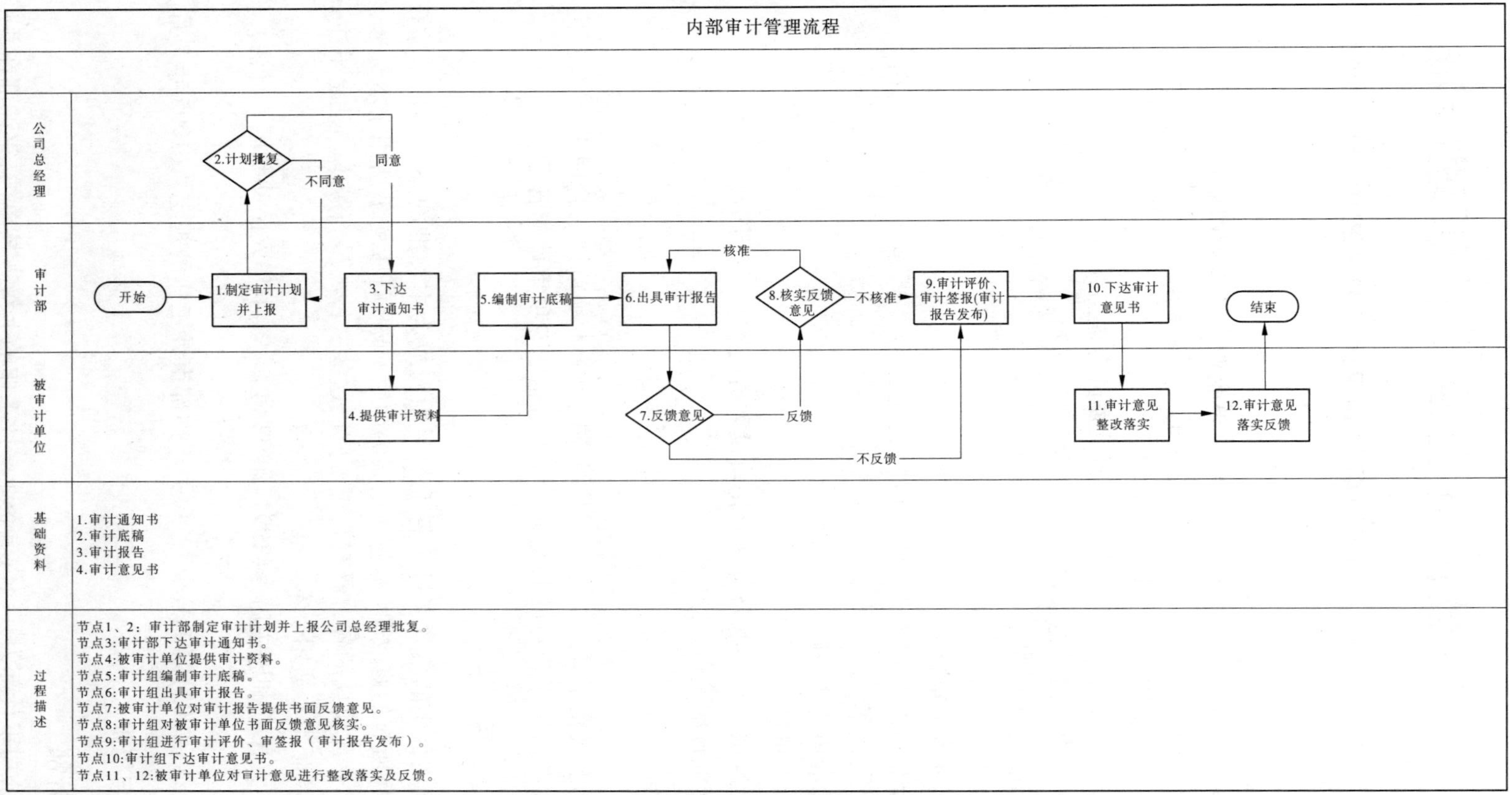

图 A.1　内部审计管理流程图

县级供电企业审计管理标准

Q/GDW1714 2130303—2010

前　言

本标准为规范开封供电公司县级供电企业审计管理而制定。

本标准按照 GB/T 1.1—2009 给出的规则起草。

本标准中的附录 A 为规范性附录。

本标准由开封供电公司标准化建设委员会提出并归口。

本标准由开封供电公司审计部组织起草编制。

本标准起草人:张扬

本标准编审组审核人:仓华

本标准专业审核人:仓华

本标准标准化建设办公室审核人:胡昆岭　郑罡　高鑫　张白　朱峰　高付良　申文琰　周世华

本标准审定人:张维斌

本标准批准人:郑盾

本标准由开封供电公司标准化建设委员会委托审计部负责解释。

本标准首次发布。

1　范围

本标准规定了开封供电公司县级供电企业专项审计的管理职责、管理内容与方法。

本标准适用于开封供电公司县级供电企业专项审计的管理。

2　规范性引用文件

下列文件中的条款通过本标准的引用而成为本标准的条款。凡是注日期的引用文件,其随后所有的修改单(不包括勘误的内容)或修订版均不适用于本标准,然而,鼓励根据本标准达成协议的各方研究是否可使用这些文件的最新版本。凡是不注日期的引用文件,其最新版本不适用于本标准。

中华人民共和国主席令(1994)第 32 号　《中华人民共和国审计法》(1994 年 8 月 31 日)

审计署(1995)第 1 号令　《关于内部审计工作的规定》(1995 年 7 月 14 日)

3　职责与权限

3.1　审计部

3.1.1　公司审计部为县级供电企业审计工作的上级考核单位,审计部在总经理直接领导下,对县级供电企业生产、经营过程进行审计监督。

3.1.2　指导县级供电公司审计机构积极开展内部审计业务工作,对县级供电企业审计人员的审计业务提出工作要求。

3.1.3　检查县级供电企业审计机构审计程序是否规范、完整、适用。

3.1.4　公司审计部根据总经理安排和年度审计工作计划实施对县局的内部控制制度、任期、营销、农网工程等各项业务审计工作。

3.1.5　审计部负责对县级供电企业有关审计事项进行调查并索取证明材料。

3.2　农电工作部

3.2.1　负责对县级企业审计工作的配合协调。

3.2.2　负责对县级供电企业领导班子年薪组织考核。

3.2.3　负责对县级供电企业农网工程的工程物资招标、工程实施、验收、结算管理。

3.2.4　公司兼职审计员在审计业务需要时,相关部室应给予工作配合。

4　管理内容与方法

审计部对贯彻执行国家电力公司、省电力公司颁发的各项经济政策、法规、条例、制度、办法的情况进行审计监督。

4.1　内部控制制度

4.1.1　下达审计通知书。

4.1.2　收集被审计单位的国家、国家电网、上级相关制度、规定及本单位规章制度。

4.1.3　采取审计座谈会、询问、调查表等形式,了解单位现实情况。

4.1.4　在审计中发现有关的内部控制制度存在不完善、执行不畅等问题,应提出改进建议,监督落实审计发现问题的整改完善。

4.1.5　对审计中发现的问题,做出审计底稿,经单位负责人及具体办事人员认可签字。

4.1.6　编制审计报告,对审计的最终资料进行归档。

4.2　任期经济责任审计

4.2.1　根据年度审计工作计划,下达审计通知书。

4.2.2　编写审计方案。

4.2.3　进点前收集相关资料,并要求确保提供资料的真实性。

4.2.4　召开进点前座谈会。

4.2.5　向单位负责人、职工代表发放审计调查表,了解最基本情况。

4.2.6　要求被审计领导写出任期目标的完成情况汇报。

4.2.7　要求财务部门提供财务印件,便于审计工作的开展。

4.2.8　根据审计方案所涉及人员职责、时间开展审计工作。

4.2.9　在审计过程中如发现问题,应编制审计工作底稿,要求被审计单位负责人及财务人员对审计工作底稿发现的问题进行核对认签。

4.2.10　由审计负责人或主审人员对此次审计工作编写审计报告,真实反映被审计单位负责人在任期期间的经济状况、存在问题,提出审计建议等,为领导提供一个真实的企业状况。

4.2.11 对审计最终的资料进行归档。

4.3 营销审计

4.3.1 根据年度审计工作计划,下达审计通知书。

4.3.2 编写审计项目方案。

4.3.3 收集国家关于电费电价相关法律、法规、政策及行业电费规定。

4.3.4 召开进点前座谈会,了解企业收电费基本运行模式。

4.3.5 对审计人员应注意的事项进行基本交代,重点关注农村各类电价最高限价和结交价,审查村级收费是否在最高限价和结交价范围内。

4.3.6 审查有无各种形式的乱摊派、乱收费、乱加价现象,切实减轻农民负担。

4.3.7 审查配变损计算是否准确,防止窃漏电现象,降低线损。

4.3.8 审查电力维管费用收支情况,维管费用是否按文件规定收取、使用情况,是否专户存储,专款专用。审查现金管理情况,现金日记账要日清月结,库存现金与日记账要逐日核对,不允许有白条抵库和长短款现象。

4.3.9 审查直供站抄表员和村电工是否每月按规定时间持卡到用户抄录实用电量,是否估算。

4.3.10 对在审计中发现的好的方面和存在的问题,做出审计底稿,经单位负责人及具体办事人员认可,作出审计报告。

4.3.11 对审计最终的资料进行归档。

4.4 农网工程

4.4.1 对农网物资招标过程进行监督。

4.4.2 收集国家农网的相关规定、制度,对农网工程的开展进行审计工作。

4.4.3 在工程审计中,发现问题严格执行国家农网的相关规定、制度。如发现有违反规定的行为,及时进行纠正。

4.4.4 作出农网工程审计签证。

5 检查与考核

5.1 检查与考核内容

按内部审计相关质量控制标准进行考核。

5.2 主要考核指标

表1列出了县级供电企业审计管理的主要考核指标。

表 1　县级供电企业审计管理的主要考核指标

序号	考核指标	考核标准	负责岗位	所属部门	监督部门
1	年度审减总额	按照要求审计核减的金额	综合专责	审计部	公司领导
2	审计覆盖率	对农网工程按照要求进行审计,10 kV 及以下达到 40% 以上,35 kV 及以上达到 100%	综合专责	审计部	公司领导
3	审计报告质量	审计报告符合要求	综合专责	审计部	公司领导

6　报告与记录

表 2 给出了执行本标准需要的报告与记录。

表 2　县级供电企业审计管理报告与记录汇总表

序号	报告与记录编号	报告与记录名称	填写人	保存地点	保存形式	保存期限
1	Q/GDW1714 2130303—2010 R01	审计报告	综合专责	审计部	电子和纸质文档	长期

附录 A
（规范性附录）
县级供电企业审计管理流程

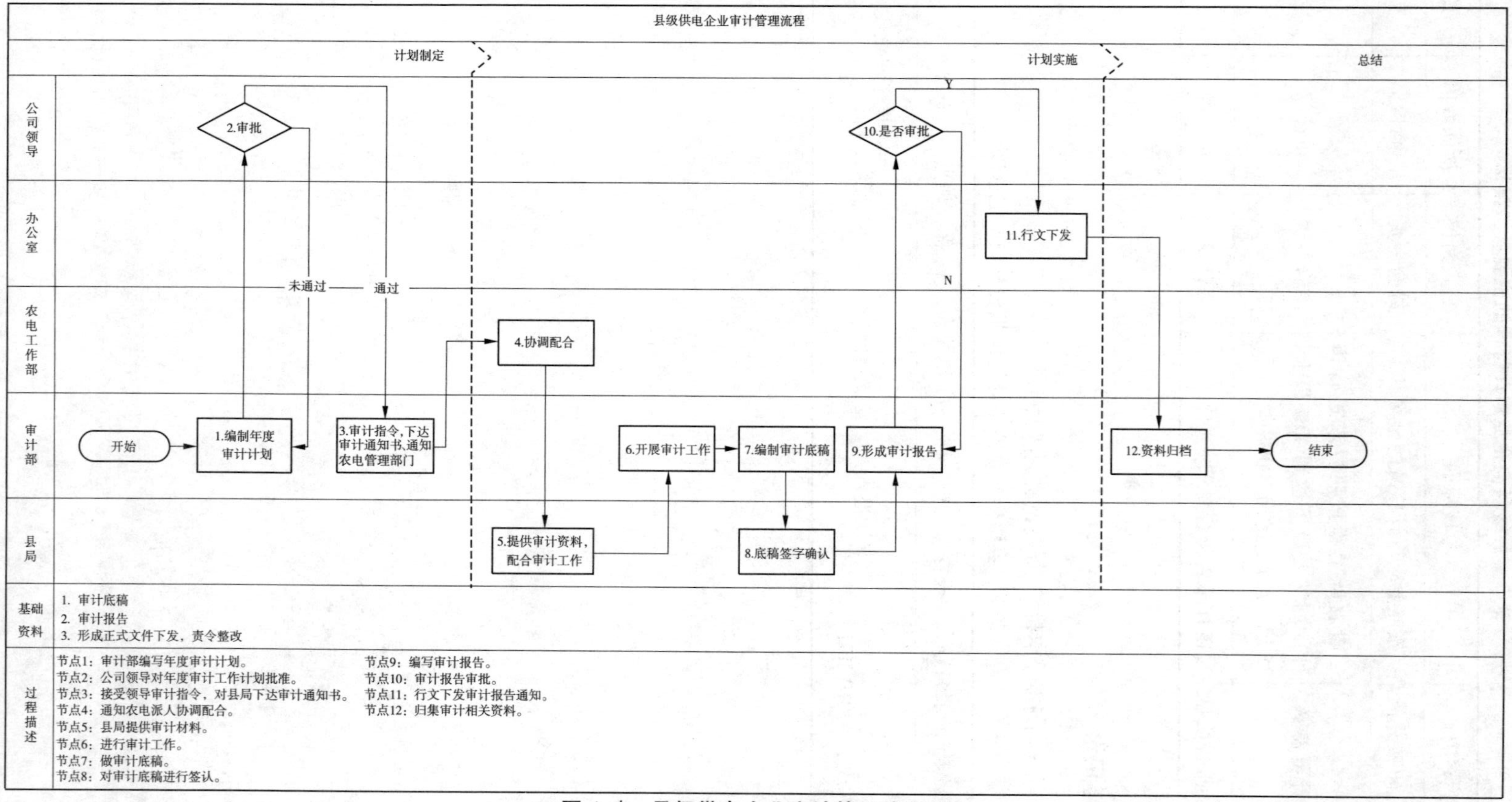

图 A.1　县级供电企业审计管理流程图

工程审计管理标准

Q/GDW 1714 2130304—2010

前　言

本标准为规范开封供电公司工程审计管理而制定。

本标准按照 GB/T 1.1—2009 给出的规则起草。

本标准中的附录 A 为规范性附录。

本标准由开封供电公司标准化建设委员会提出并归口。

本标准由开封供电公司审计部组织起草编制。

本标准起草人:马秋芳

本标准编审组审核人:仓华

本标准专业审核人:仓华

本标准标准化建设办公室审核人:胡昆岭　郑罡　高鑫　张白　朱峰　高付良　申文琰　周世华

本标准审定人:张维斌

本标准批准人:郑盾

本标准由开封供电公司标准化建设委员会委托审计部负责解释。

本标准首次发布。

1　范围

本标准规定了开封供电公司工程专项审计的责任与权限、工作内容与要求及检查与考核办法。

本标准适用于开封供电公司工程专项审计工作。

2　规范性引用文件

下列文件对于本文件的应用是必不可少的。凡是注明日期的引用文件,仅所注日期的版本适用于本文件。凡是未注日期的引用文件,其最新版本(包括所有的修改单)适用于本文件。

《中华人民共和国审计法》	1994 年 8 月 31 日
《内部审计准则》	中国内部审计协会
《国家电网公司输配电工程结算管理办法》	国家电网生[2007]304 号
《国家电网公司技术改造工程预算管理办法》	国家电网生[2008]270 号
《河南省电力公司招投标管理办法》	豫电招投标〔2006〕1090 号
《河南省电力公司合同管理办法》	豫电计[2005]414 号

《河南省电力公司电网工程控制造价措施》　　　　　　　　　豫电工程[2008]779 号

《河南省电力公司城市配网建设改造工程概预算编制管理规定》　　营销豫电[2008]364 号

3　职责与权限

3.1　管理分工

审计部是工程审计管理的归口管理部门,全面负责公司基建、技改、大修、城市配网工程、营销技改及业扩工程管理审计工作。

3.2　生产管理副总经理

3.2.1　负责公司基建部、生产技术部工程管理工作。

3.2.2　协调管理过程中各部门之间的关系。

3.2.3　负责管理工作中重大问题的决策。

3.3　营销副总经理

3.3.1　负责公司营销工程管理工作。

3.3.2　协调管理过程中各部门之间的关系。

3.3.3　负责管理工作中重大问题的决策。

3.4　基建部

负责基建工程。主要职责:组织图纸会审,参加招标,签订合同,组织施工,对施工单位上报预结算书的工程量、费用进行审核,并将审核后的预结算书和审定的概算书、竣工图纸、监理资料等送审计部门审计。

3.5　生产技术部

负责技改、大修工程。主要职责:组织图纸会审,参加招投标,合同签订,组织施工,对施工单位上报预结算书的工程量、费用进行审核,并将审核后的预结算书和审定的概算书、竣工图纸、监理资料等送审计部门审计。

3.6　营销部

负责城市配网、营销技改及业扩工程。主要职责:组织图纸会审,合同签订,组织施工,对施工单位上报预结算的工程量、费用进行审核,并将审核后的预结算书和审定的概算书、竣工图纸、监理资料等送审计部门审计。

3.7　审计部

3.7.1　负责对基建部、生产技术部、营销部所签订的有关工程合同进行审签,主要审查合同是否符合国家政策及有关部门的批准文件,是否参加招投标,审查合同中约定的相关事项是否符合行业规范及惯例。

3.7.2　对基建部送审的基建工程预结算,包括有关资料进行签收和审计:主要审查施工单位是否参加招投标,主要设备材料是否参加招投标,工程是否有监理部门进行监理,工程金额是否超概算指标,并根据竣工图、监理报告、招投标文件等相关资料对工程预、结算进行审计,并出具审计意见书,审计完毕后,将有关资料返还给工程建设部。

3.7.3　对生产技术部送审的技改、大修工程项目工程预、结算,包括有关资料进行签收和审计:主要审查主要设备材料是否参加招投标,工程是否有监理部门进行监理,工程金额是否超概算指标,并根据竣工图、监理报告、招投标等相关资料对工程预结算进行审计,并出具审计意见,审计完毕后,将有关资料返还给生产技术部。

3.7.4　对市场营销部送审的城市配网、营销技改及业扩工程预、结算,包括有关资料进行签收和审计:主要审查设备材料是否参加招投标,工程金额是否超概算指标,并根据竣工图等相关资料对工程预结算进行审计,并出具审计意见,审计完毕后,将有关资料返还给市场营销部。

3.8　审计机构行使的权限

3.8.1　根据工作需要,要求工程管理部门及时转送工程的各项批复文件,审定的概预算书、图纸及相关资料等。审核与工程有关的凭证、账表、决算,查阅有关文件和资料;对审计涉及的有关事项进行调查,并索取有关的文件、资料等证明材料。对未审定的概预算书、图纸及相关资料的工程预结算不予审计。

3.8.2　签审重要经济合同,对外经济合同不经审签,不得执行。对正在进行的严重违反财经法规,严重损失浪费的行为,经公司经理同意,可以做出立即纠正和制止一切不正当财务收支的临时决定;对阻挠、妨碍审计工作,拒绝提供有关资料的,经单位领导批准,可以采取封存账册和冻结资产的临时措施,并提出追究有关人员责任的建议;对严重违反财经法规和造成损失浪费的,提出处理的建议,并向上级审计机构反映;提出改进管理,提高经济效益的建议,处理违反财经法规的行为。

4　管理内容与方法

对基建工程、技改、大修、城市配网工程、营销技改及业扩工程审计管理工作。

4.1　开工前审计

4.1.1　审计工程项目的审批手续是否齐全、合法。

4.1.2　资金来源是否落实,来源是否合规。工程用款计划的编制是否符合资金使用的时间效益,预付款与工程进度是否衔接。

4.1.3　审查主要设备、材料是否落实,施工队伍的资质是否符合工程要求。

4.1.4　审查外围工程项目招标、中标单位资质,预算编制依据和取费标准是否合规、合理。

4.1.5　审查是否存在擅自变更设计内容、提高建设标准、扩大建设规模、增加投资的问题。

4.1.6　对所签订的合同协议进行审计。

4.1.6.1　审查合同的订立程序是否合法。

4.1.6.2　审查合同签订人的资格是否有效。

4.1.6.3　对合同中不明确或对我方不利的条款提出意见。

4.1.6.4　是否实行质保金制度。

4.2 工程建设期审计

4.2.1 经常深入现场，随时了解工程施工进度、设计变更、签证等情况。

4.2.2 审查施工现场的安全措施是否到位。

4.2.3 审查是否存在擅自扩大规模、提高标准的情况。

4.2.4 审查工程进度款是否与工程进度相符。

4.3 工程竣工结算审计

4.3.1 参加竣工工程的验收工作。

4.3.2 竣工审计要看验收是否全面，手续是否完备，资料是否齐全。

4.3.3 做好工程的最后结算工作。根据工程管理部门提供的资料及我们掌握的资料对工程进行审计，认真审阅评议标书记录和施工技术、设计图纸资料，详细核对工程隐蔽记录及设计变更，准确把握工程图纸，深入现场实查核对，比较实际与设计的差别，变更与实际是否相符，鉴证是否合理。核对施工单位的资质等级，核对取费标准与费率口径是否一致，按核实基数和规定的费率计取费用。深入市场，对工程所用材料设备的价格、性能等行情提前了解，做到心中有数，掌握主动权。对工程的设计要清楚明白，对设备的选型、保护设置、配置等情况要非常熟悉。工程量的计算要严格依据竣工图纸、变更、签证、合同等资料，按工程量计算规则进行计算，不得高估冒算、重复多计。工程审计要坚持实事求是、客观公正的原则，努力降低工程造价，切实维护本企业的利益。

4.3.4 审计部是工程结算的最终审定单位，审定金额作为财务部门的付款依据，审计部门不出具审计意见书，财务部门不得与施工单位结算。实行质保金制度。

5 管理流程

管理流程图见附录A。

6 检查与考核

a)由审计部主任按工作内容与要求随时进行检查与考核。

b)考核内容为本标准规定的责任和工作内容与要求部分。

c)按本公司《经济责任制考核办法》进行检查与考核。

附录 A
（规范性附录）
工程审计管理流程

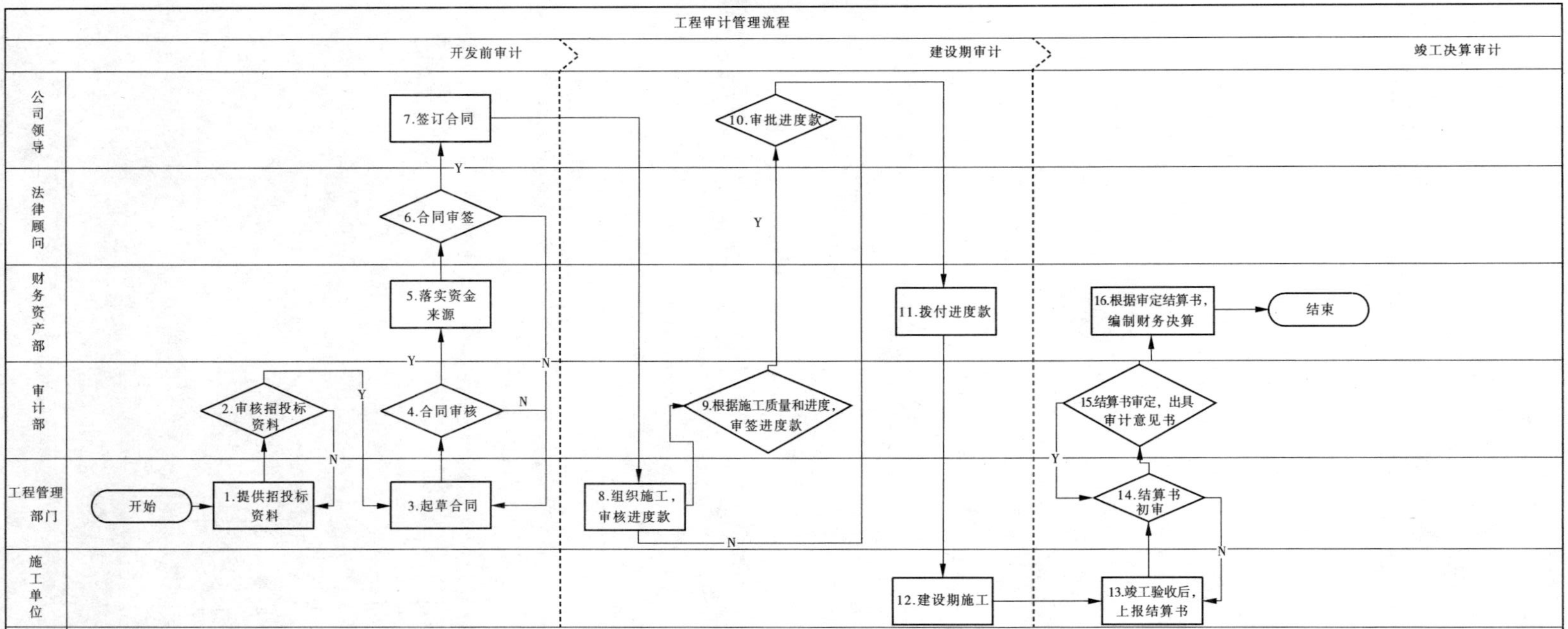

基础资料

1.工程批复文件
2.招投标文件
3.中标通知书
4.审定概算
5.施工图预算书
6.合同
7.施工图纸
8.变更通知单
9.竣工图纸
10.监理审签工程量单
11.竣工结算书

过程描述

节点1：根据《河南省电力公司招投标管理办法》对实施工程的施工单位、工程设备及材料进行招标。
节点2：审计部门参与招投标，审核招投标资料及招标过程是否合理合法。
节点3：工程管理部门起草合同。
节点4：审计部门根据中标资料，审定概算书及施工图预算，审签合同。
节点5：财务资产部落实工程资金来源。
节点6：法律顾问审核合同。
节点7：公司领导最终审核签订合同。
节点8：工程管理部门根据合同约定组织施工，制定工程进度款拨付方案。
节点9：审计部根据合同约定,工程实际进度和质量审签进度款。
节点10：公司领导审批进度款。
节点11：财务资产部根据进度款审签单拨付进度款。
节点12：施工单位领取进度款直至施工完毕。
节点13：竣工验收后，施工单位上报工程结算书。
节点14：工程管理部门初审结算书。
节点15：审计部根据相关资料，审计工程结算书，出具审计意见书。
节点16：财务资产部根据审定结算编制竣工决算。

图 A.1　工程审计管理流程图